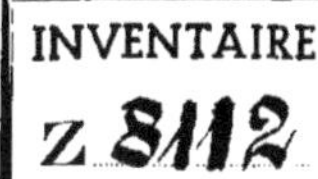

# DICTIONNAIRE

## ENCYCLOPÉDIQUE

### D'INSTRUCTION, D'ÉDUCATION ET D'ENSEIGNEMENT

COMPRENANT

**L'Agriculture, l'Anatomie, l'Architecture, l'Astronomie, la Botanique, la Chimie, le Commerce, l'Économie politique, la Géographie, la Géologie, l'Hygiène, l'Industrie, la Législation, la Littérature, les Mathématiques, la Mécanique, la Médecine, la Méthodologie, la Minéralogie, la Musique, la Mythologie, la Pédagogie, la Philosophie, la Physiologie, la Physique, la Rhétorique, la Statistique, la Zoologie, etc.**

Avec plus de 1,000 Planches intercalées dans le texte.

PUBLIÉ

PAR UNE SOCIÉTÉ DE PROFESSEURS, DE LITTÉRATEURS, ETC.

Sous la direction

DE

**B. LUNEL**

**Membre de l'Institut historique de France.**

LIVRAISON 1–3

**PARIS**

AU BUREAU DU DIRECTEUR-GÉRANT

99, RUE SAINT-ANTOINE

1851

# DICTIONNAIRE

## ENCYCLOPÉDIQUE

## D'INSTRUCTION, D'ÉDUCATION ET D'ENSEIGNEMENT.



A Première lettre de l'alphabet et première voyelle chez tous les peuples, à l'exception des Éthiopiens. Chez les Grecs et chez les Romains, A était une lettre numérique. L'A des Grecs (*alpha*), avec l'accent dessus, valait *un*; il valait mille, avec l'accent dessous. Chez les Romains l'A valait 500, et 5,000 s'il était surmonté d'un trait horizontal. Enfin la lettre A était une figure symbolique consacrée à la religion des Égyptiens, qui pensaient que la forme triangulaire de l'A imitait la marche triangulaire de l'*Ibis*, auquel ils rendaient les honneurs divins. — voy. *Alphabet*, *Lettres*.

KRAMER.

**ABAJOUES** (anatomie comparée). Cavités formées, chez certains mammifères, par l'extension des muscles de la joue, et destinées à conserver les aliments. La plupart des singes sont pourvus d'abajoues. — voy. *Quadrumanes*.

**ABDICATION** (politique). Acte par lequel un empereur, un roi, un prince ou un dictateur renonce à la dignité souveraine dont il est revêtu. Les plus célèbres abdications que l'histoire nous présente sont celles de *Sylla*, consul et dictateur romain; de *Dioclétien*, empereur romain; de *Charles-Quint*, empereur d'Allemagne; de *Christine*, reine de Suède; de *Philippe V*, roi d'Espagne; de *Frédéric-Auguste*, de *Stanislas Ier*, rois de Pologne; de *Pierre III*, empereur de Russie; de *Napoléon*, de *Charles X*, enfin de *Louis-Philippe*.

TESSON DE LA ROCHELLE.

**ABDOMEN** (Anatomie). Cette dénomination a été donnée au bas-ventre, appelé par les anciens *ventre inférieur*. C'est une vaste cavité, limitée supérieurement par la poitrine, en bas par le bassin, postérieurement par la colonne vertébrale, latéralement et antérieurement par un grand nombre de muscles superposés. Cette cavité, plus large en bas qu'en haut, chez l'adulte et surtout chez les femmes, présente une disposition inverse dans l'enfance.

Afin de mieux préciser la situation et les rapports des organes qu'elle renferme, les anatomistes la partagent en trois régions principales : 1° l'*épigastrique* ou *supérieure*, qui s'étend depuis l'extrémité inférieure du sternum jusqu'à 5 centimètres au-dessus de l'ombilic; 2° l'*ombilicale* ou *moyenne*, qui commence à l'endroit où finit la région épigastrique, et se termine à 5 centimètres au-dessous de l'ombilic; 3° l'*hypogastrique* ou *inférieure*, qui comprend le reste du bas-ventre. Enfin, chacune de ces régions est subdivisée en trois autres : le milieu de la première s'appelle *épigastre*, ou *creux de l'estomac*, E, et les côtes, les *hypocondres*, h. h. ; le milieu de la deuxième s'appelle *ombilic*, o, et les parties latérales, les côtes, les flancs f. f., et plus en arrière, les lombes ; enfin le milieu de la troisième se nomme *hypogastre*, h. g., et les côtes, régions iliaques, i, i. Les lettres a, a, indiquent les *aines*.

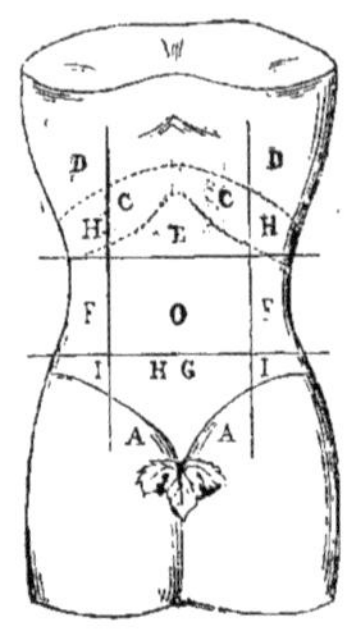


Dans cette figure, la ligne ponctuée, d, d, marque la limite entre la poitrine et l'abdomen, dans le point correspondant au diaphragme, et les lignes c, c, le point de rencontre des cartilages de prolongement des côtes inférieures.

L'abdomen renferme : 1° les organes qui servent à la nutrition ; 2° ceux qui président à la sécrétion et à l'excrétion de l'urine ; 3° les organes internes de la génération, tant chez l'homme que chez la femme.

LOUYET,
Docteur-médecin.

**ABDOMINAUX** (Histoire naturelle.) — *Ichthyologie.* Ordre de poissons malacopterygiens dont les nageoires ventrales sont suspendues sous l'abdomen, en arrière des pectorales.

On les divise en cinq familles.

| | | |
|---|---|---|
| 1re fam., | *Cyprinoïdes.* | G. p. : Cyprins, Loches. |
| 2e — | *Esoces.* | — Brochet, Orphies, Exocets. |
| 3e — | *Siluroïdes* | — Silures, Pimelodes, Malaptérures |
| 4e — | *Salmonés.* | — Saumons, Éperlans, Corégones. |
| 5e — | *Clupoïdes.* | — Harengs, Aloses, Anchois. |

PREMIÈRE FAMILLE. — I. CYPRINS. Poissons d'eau douce répandus en nombre infini, en général peu carnassiers et se nourrissant pour la plupart d'herbes, de graines et de limon. La fécondité des cyprins est si prodigieuse qu'on a vu des femelles dont les ovaires contenaient plus de trois cent mille œufs.

Ce genre comprend les *carpes*, les *barbeaux*, les *goujons*, les *tanches* et les *ables*.

1° *Carpes.* Ces poissons ont la bouche petite, garnie de barbillons et dépourvue de dents : le corps est couvert d'écailles assez grandes. Ils se nourrissent d'insectes, de frai de poissons et de substances animales et végétales. Les carpes, que les gastronomes recherchent, pèsent environ 5 kilogrammes, mais on en a vu dont le poids excédait 30 kilogrammes. Une espèce de ce sous-genre est le *cyprin doré* ou *daurade de la Chine*, charmant poisson qui flatte la vue par les reflets dorés et la pourpre de ses écailles, et que, par cette raison, l'on élève dans des bocaux.

2° *Barbeaux.* Une espèce de ce sous-genre, le

*barbeau vulgaire*, se trouve dans les eaux vives, et y atteint jusqu'à 3 mètres de long.

3° *Goujon.* Ce poisson habite les eaux douces de l'Europe où il est très-recherché pour le goût exquis de sa chair. Il ne se plaît pas dans les eaux bourbeuses et stagnantes. C'est un des meilleurs poissons que l'on puisse mettre dans les étangs pour la nourriture des brochets.

4° *Tanche.* La tanche ne diffère du goujon que par la grandeur de sa taille et la petitesse de ses écailles : beaucoup moins estimée que les carpes, barbeaux et goujons.

5° *Able.* Très-petits poissons qu'on trouve par milliers dans toutes les rivières et que les pêcheurs confondent sous les noms de *meunier*, *veron*, *vandoise*, etc., selon les pays. Une espèce de ce sous-genre, l'*ablet* ou *ablette*, fournit la matière nacrée appelée *essence d'orient* avec laquelle on fabrique les fausses perles.

II. LOCHES. Ce genre de poisson renferme des espèces à la tête petite, au corps allongé, revêtu de petites écailles et enduit de muscosités ; la bouche est très-étroite et les mâchoires sont dépourvues de dents. Mais ce désavantage est compensé par l'extensibilité des lèvres qui sont propres à sucer et à retirer de la vase les matières organiques qu'elle renferme. Les insectes, les œufs de poissons leur servent aussi de nourriture. Nos eaux douces produisent trois espèces de ce genre : 1° la *loche franche*, qui a de 12 à 15 centimètres de longueur, six barbillons, le corps nuagé et pointillé de brun sur un fond jaunâtre ; 2° la *loche d'étang*, qui atteint jusqu'à 30 et 32 centimètres de long ; dix barbillons ; raies longitudinales brunes et jaunes ; 3° la *loche de rivière* qui atteint rarement au delà de 10 à 20 centimètres et qui se reconnait à son corps orangé et marqué de taches jaunes sur les flancs, et à l'aiguillon fourchu et mobile qu'elle porte au-devant de l'œil.

DEUXIÈME FAMILLE. — Esoces. Cette famille renferme tous les poissons qui ont la bouche largement fendue, garnie de fortes dents pointues et nombreuses, qui en font de redoutables carnassiers. Les principaux genres de cette famille sont les *brochets* et les *exocets*.

1° *Brochet*. La prodigieuse voracité de ces poissons en fait les requins des eaux douces. Ils semblent, en effet, avoir été créés pour s'opposer à la trop grande multiplication des petites espèces que nos fleuves

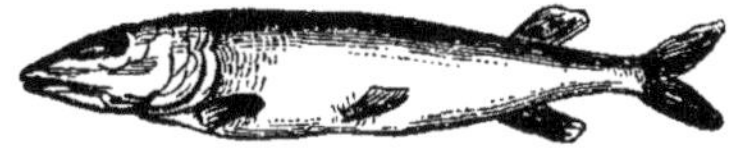

nourrissent. Ils atteignent à une taille de 3 mètres de long ; mais le géant des brochets est celui que l'étang de Kaiserslautern recélait, et qui avait, lorsqu'on le pêcha (en 1497), 6 mètres de long, et pesait 175 kilogrammes. Un anneau, que portait cet animal, faisait connaître qu'il avait été jeté dans l'étang par Frédéric II, le 5 octobre 1262. Ce brochet avait donc au moins deux cent soixante-sept ans.

2° *Exocet*. Ce poisson, qu'on trouve dans les mers chaudes et tempérées, a les nageoires d'une telle étendue, qu'il peut s'élancer au-dessus des eaux pour fuir pendant quelques instants les ennemis qui le poursuivent.

TROISIÈME FAMILLE. — Siluroïdes. Cette famille se compose d'animaux qui se reconnaissent, soit à leur corps semé d'écailles, soit à de grandes plaques osseuses qu'on y remarque. Ces poissons sont timides et craintifs et se nourrissent de substances végétales. Ils habitent les eaux douces des pays chauds.

Les genres les plus remarquables de cette famille sont :

1° Les *silures*, dont la taille atteint de 3 à 4 mètres et demi et qui se trouvent dans le Rhin, le Danube, le Volga, etc. Leur chair est facile à digérer ;

2° Les *pimélodes*, qui appartiennent aux grands fleuves de l'Inde ou de l'Amérique, où leur chair est très-estimée ;

3° Les *malapterures*, dont l'espèce est le malapterure électrique, que les Arabes appellent *raasch* (tonnerre), à cause de l'engourdissement dont il frappe les poissons qui s'avancent trop près de lui. On les trouve particulièrement dans le Nil.

QUATRIÈME FAMILLE. — Salmonés. Les poissons composant cette famille tirent leur nom de leur ressemblance avec les saumons (en latin, *salmo*). Ils sont remarquables par la délicatesse de leur chair et par leur vie vagabonde. En effet, à l'époque de leur frai, ils parcourent plusieurs centaines de lieues pour atteindre les sources des fleuves, près desquelles ils déposent leurs œufs, pour revenir ensuite dans leur séjour ordinaire. Les principaux genres de cette famille sont les *saumons*, les *éperlans* et les *corégones*.

1° *Saumon* ou *truite*. Ce poisson se trouve dans presque toutes les mers du nord. Il vit d'insectes, de larves et de petits poissons. On en pêche dans nos rivières, qui atteignent jusqu'à 2 mètres de

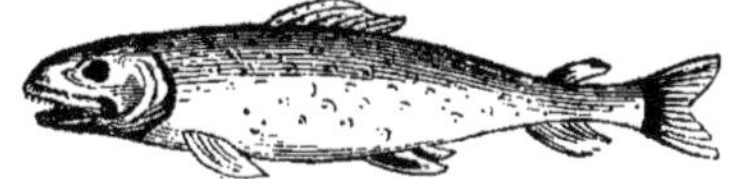

long et pèsent 50 kilogrammes. Ils sont doués d'une force musculaire qui leur permet de franchir les barrages des moulins et des usines, et même certaines cataractes. Le saumon frais est un aliment excellent, mais qui ne convient pas aux estomacs délicats ;

2° *Eperlan*. Ce charmant petit poisson, dont la parure est un mélange admirable de teintes argentées et d'un vert clair, se trouve particulièrement à l'embouchure des grands fleuves, dans l'Océan. L'odeur de violette qu'il répand et le goût agréable de sa chair en font un mets recherché pour les palais délicats ;

3° *Corégone*. Dépourvus d'armes offensives, les corégones sont beaucoup moins carnassiers que les saumons et les éperlans ; heureusement que la nature les a doués d'une grande agilité, qui leur permet d'échapper à leurs ennemis par la fuite. Ils font, comme les truites, des voyages lointains, et sont recherchés par l'excellence de leur chair.

CINQUIÈME FAMILLE. — Clupoïdes. Les poissons de cette famille sont l'objet d'un commerce immense pour les Hollandais, les Anglais, les Américains, les Français, etc. qui équipent des flottes entières pour aller à la pêche de ces précieux animaux. Trois genres importants appartiennent à cette famille : les *harengs*, les *aloses* et les *anchois*.

1° *Harengs*. Originaires des mers polaires, les harengs sont des poissons aux flancs aplatis, à la tête mince, qui viennent en bandes innombrables

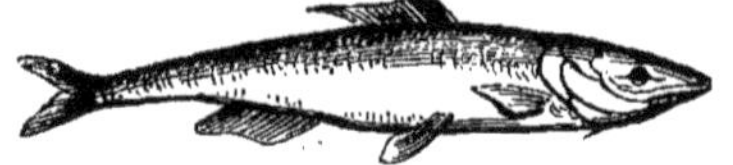

parcourir chaque année les rivages de l'Europe. Les Hollandais équipent trois mille bâtiments montés par plus de quatre cent mille hommes, pour pêcher ce poisson et soutenir ainsi leur prérogative maritime. C'est à Beuckels, simple pêcheur flamand, qu'est dû l'art de saler le hareng (vers 1350). La *sardine* diffère du hareng par sa taille. Sa pêche est extrêmement productive, puisque la Bretagne en retire deux millions de revenu par an. Cela n'étonnera pas lorsqu'on saura qu'un seul coup de filet peut en prendre assez pour remplir trente à quarante tonneaux.

2° *Aloses*. Ces poissons se rapprochent beaucoup des harengs par leurs formes extérieures; mais leur taille est plus grande et leurs habitudes sont assez différentes. Ainsi, tandis que les harengs n'habitent que le nord, et que leurs migrations se bornent à aller d'une mer à l'autre, les aloses se trouvent également dans les mers méridionales, tempérées ou glaciales, parcourent toutes les rivières comme les salmonés, et en suivent le courant dans une étendue plus ou moins considérable.

3° *Anchois*. Ces poissons sont petits, allongés, étroits et couverts d'écailles qui se détachent facilement. Ils fréquentent les côtes de Catalogne et de Provence. On les pêche de la manière suivante : Un bâtiment, sur lequel on fait un feu éclatant, est mis à la mer pendant la nuit. Les anchois accourent en foule. Alors on éteint le feu; puis l'on fait un grand bruit qui les effraie et les fait aller se jeter dans les mailles des filets disposés autour du navire. On leur coupe la tête en les retirant de l'eau, puis on les livre au commerce après les avoir mis dans une saumure.

**ABEILLES** (Entomologie).— voy. *Hyménoptères*.

*Abeilles* (piqûre d'). Pathologie chirurg. — En général les piqûres d'abeilles n'offrent de gravité qu'autant qu'elles sont nombreuses. On cite des individus qui sont morts presque immédiatement après avoir été attaqués par un essaim d'abeilles. C'est que souvent l'insecte laisse dans la plaie son aiguillon et le venin qu'il contient. La première indication qui se présente dans le traitement est donc de presser les chairs doucement afin d'en faire sortir l'aiguillon, ensuite l'on emploie des lotions vinaigrées ou ammoniacales, d'eau salée, d'eau blanche, etc. Docteur HEINRIECH.

**ABERRATION** (Astronomie). Mouvement apparent des corps célestes, produit par la combinaison du mouvement de la lumière avec celui de la terre autour du soleil. C'est au savant Bradley, astronome anglais, qu'est due la connaissance de l'aberration des étoiles. Après trois années d'observation (1725-1728), il rendit compte de sa découverte dans les *Transactions philosophiques* (décembre 1728). Docteur HEINRIECH.

**ABERRATION** (Physique). Dispersion des rayons lumineux qui, par l'imperfection des lunettes, ne se réunissent point au foyer, mais se répandent sur une petite étendue, et y produisent des images confuses.—voy. *Optique*. (*Idem*.)

**ABRANCHES**. (Histoire naturelle. — *Helminthologie*). C'est la troisième division établie par Cuvier dans la classe des *annelides*. Ce mot, qui semble indiquer que les animaux de cet ordre n'ont pas de *branchies* (organes respiratoires), serait mieux remplacé par celui d'*endobranches*, donné par M. Duméril, puisqu'il signifie *branchies intérieures*. Deux familles composent cet ordre peu nombreux : la première (les *lombricinés*) a pour genre principal le *lombric* ou vers de terre; la seconde (les *hirudinés*) renferme la sangsue.

1° *Lombric* ou *vers de terre*. — Animal dont le corps arrondi, extensible, est composé d'anneaux plus pointus antérieurement que postérieurement. Quoique hermaphrodite, le lombric ne peut se reproduire sans accouplement. Il varie en longueur, mais il dépasse rarement 30 centimètres. Son corps est formé de 200 à 240 anneaux, tous armés de deux paires d'aiguillons assez courts pour échapper à la vue simple, mais suffisants pour aider à la locomotion de l'animal. Il vit dans les terres humides, argileuses et marneuses. A l'approche de l'hiver, il s'enfonce en terre pour n'en sortir qu'au retour des beaux jours. — Les lombrics, dont beaucoup d'animaux font leur nourriture paraissent extraire du fumier quelques matières nutritives, car on les voit avaler de la terre et la rendre sans avoir changé de nature, mais seulement comme si elle eût passé à la filière.

2° *Sangsue*. Ces animaux, que tout le monde connait, se trouvent en abondance dans la plupart des eaux dormantes où elles se rendent souvent incommodes en s'attachant aux bestiaux qui vont boire dans les mares qu'elles habitent. — De toutes les espèces une seule nous intéresse, c'est la *sangsue médicinale* ou *sangsue officinale*, composée de 94 anneaux bien distincts, garnis de petits mamelons obtus. Elle pique et ouvre les petits vaisseaux ca-

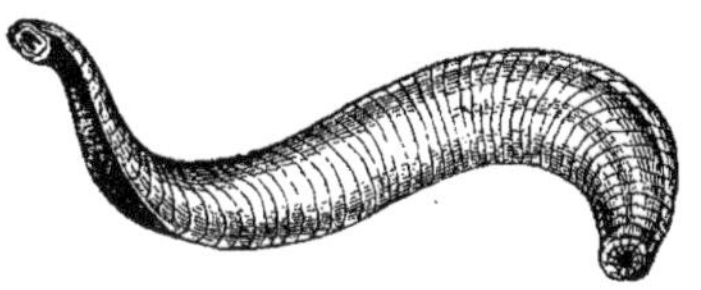

pillaires au moyen de trois dents tranchantes qui arment sa bouche, et c'est à l'aide de ses lèvres, qui forment une espèce de suçoir, et d'un mouvement particulier de ses nombreux anneaux, qu'elle parvient à se gorger de sang. Si l'on ne fait rien pour lui faire rendre ce sang, il est plus d'un an à disparaître du corps de l'animal, tant il digère lentement. L'Angleterre, qui ne possède pas de sangsues, en a payé jusqu'à deux guinées (plus de 50 fr.). B. Lunel.

**ABRÉVIATIONS** (Musique). Les signes d'abréviation employés en musique se composent de barres inclinées de droite à gauche, qui se placent sur une ronde, sur la queue d'une blanche, d'une noire, etc., et qui servent à abréger la *notation*. (Voy. ce mot.) D'après cela, la ronde avec une barre représente huit croches, avec deux barres, seize doubles croches, etc. L'on fait un calcul analogue pour les blanches, les noires, etc. Un exemple fera comprendre cette théorie.

On abrége aussi des groupes de blanches, de croches, de doubles croches, etc.

Le *triolet* et le *six pour quatre* s'abrégent aussi par une note barrée.

On appelle *reprise* toute pièce de musique qui, sans être écrite deux fois, se répète deux fois par la présence de ce signe : :

On appelle *renvoi* un signe qui, placé à la fin d'une partie, indique que l'on doit retourner en arrière, à son signe correspondant ; il est fait ainsi : 𝄋

Le mot *da capo* (par abréviation D. C.), placé à la fin de la seconde partie d'un morceau, avertit l'exécutant de reprendre le même morceau depuis le commencement ou depuis le renvoi, et de continuer jusqu'à ce qu'il rencontre le mot *fin*.

Nous parlerons au mot *mouvement* des abréviations de certains termes italiens.

AMÉDÉE ROBLIN DU ROCHER.

**ABSOLUTISME** (Politique). Système gouvernemental au moyen duquel un monarque peut exprimer sa volonté, sans rencontrer le moindre obstacle constitutionnel (1).

Un monarque *absolu* peut faire ou défaire, à son gré, les lois du peuple qu'il gouverne. Il ne rend nul compte à ses sujets des causes qui ont motivé ses décisions : il se borne à faire figurer au bas de ses ordonnances cette gracieuse formule : *car tel est notre bon plaisir.*

Croyez-vous que cette formule soit en effet la véritable expression de son intime pensée ? Ce serait peut-être, de votre part, une profonde erreur, car si un monarque *absolu* n'est arrêté dans ses orgueilleux caprices par aucun lien légal, il voit souvent se dresser, devant ses pas, des barrières qu'il n'ose franchir. Il existe un pouvoir au-dessus du sien : c'est celui des coutumes, des mœurs, des intérêts rivaux et de l'opinion, de l'*opinion* que l'on a souvent appelée la *Reine du monde*. Des monarques *absolus* l'ont quelquefois bravée, mais les siècles sont là pour dire ce qu'il en est advenu...

L'empereur de toutes les Russies jouit d'une puissance à laquelle aucune loi ne vient mettre de bornes ; cependant il est tel *ukase* qu'il n'oserait mettre au jour, dans la crainte d'exciter le mécontentement des *boyards*.

Des despotes, infatués de leurs prérogatives n'ignorent pas les périls auxquels ils s'exposent ; mais leurs flatteurs s'empressent de cacher à leurs yeux l'abîme qui menace d'engloutir des téméraires. Les Néron, les Vitellius et tant d'autres, seraient peut-être morts dans leur lit, s'ils n'eussent prêté l'oreille à de vils adulateurs.

PAILLET, de Plombières.

(1) Quand le roi de Congo veut se promener, il ne met son bonnet que sur une oreille ; si le vent le fait tomber, il impose une taxe aux habitants de la partie de son royaume d'où le vent a soufflé : voilà l'ABSOLUTISME.

**ABSORPTION** (Physiologie). Fonction par laquelle les êtres organisés attirent, dans des pores ou des vaisseaux particuliers, les fluides qui les environnent. L'absorption a lieu dans toutes les parties du corps. — voy. *Physiologie*.

**ABSTINENCE** (Médecine), de *abstinere*, s'abstenir, se priver. C'est la privation complète ou incomplète d'aliments solides ou liquides. Ce mot, détourné de son acception primitive, est souvent employé comme synonyme de *diète*.

L'abstinence peut être observée par un individu bien portant, ou par un individu malade. — voy. pour l'abstinence dans l'état de maladie, les mots *aliments*, *convalescence*, *diète*, *régime*.

Les effets généraux de l'abstinence complète chez un individu sain, sont les suivants : faiblesse de toutes les fonctions (l'absorption exceptée) ; cette faiblesse porte principalement sur la locomotion et les facultés intellectuelles ; les impressions éprouvées par les sens sont moins vives ; la circulation et la respiration se ralentissent ; la calorification diminue de plus en plus ; les sécrétions sont réduites, puisque chaque jour diminue le poids du corps ; l'haleine devient tellement fétide que des mineurs, enfermés dans une houillière, étaient contraints de se tourner le dos. La privation des aliments persistant, c'est alors que l'absorption exerce son empire destructeur sur tous les tissus, en y puisant avec énergie des matériaux réparateurs du sang. Il n'y a plus de pus sur les ulcères dit Haller, plus de lait dans les mamelles, plus de venin dans la bouche de la vipère exténuée (1). Une fièvre ardente se déclare ; la faiblesse est de plus en plus profonde. Il y a perversion des fonctions intellectuelles, car le délire s'empare des malheureux livrés aux tourments de la faim, comme on en remarque des exemples dans la relation du naufrage de la *Méduse*, qui nous a été donnée par M. Savigny, lequel fut une des plus courageuses victimes de cette catastrophe ; mais il faut dire aussi que dans cette circonstance, la faim n'était probablement pas la seule cause du délire, car la plupart des naufragés étaient des forçats qui, pour oublier leur misère et tromper la faim, qui les tourmentait si cruellement, avaient bu outre mesure des liqueurs alcooliques.

La mort par la faim est d'autant plus prompte que l'individu est plus jeune ; c'est ce que l'on a presque toujours remarqué, lorsqu'un événement quelconque a forcé plusieurs personnes à mourir d'inanition. Le Dante a très-bien observé cette gradation dans l'effrayante peinture qu'il a faite de la mort du comte Ugolin, condamné à périr d'inanition dans une tour avec ses enfants et ses neveux. Bien que cet épisode de sa comédie de l'Enfer ne soit qu'une fiction poétique, il ne nous paraît si touchant que parce qu'il offre l'expression fidèle de la vérité.

Haller, dans sa grande Physiologie, a cité un grand nombre d'exemples d'une longue abstinence ; mais en vérité, il faudrait être doué d'une foi bien robuste pour croire à une abstinence complète de dix-huit mois, deux, trois, quatre, cinq, six, sept et même dix années. Les faits de cette nature ne sont pas rares dans les annales de la science, et, quoiqu'ils aient été accueillis par des hommes recommandables, on se demande si ces observateurs de bonne foi n'ont pas pu être dupes de leur trop grande crédulité. Qui ne sait, d'ailleurs, que les meilleurs esprits, même parmi les médecins, ne savent pas toujours se défendre de l'amour du merveilleux ? Burdach (2), suivant nous, se rapproche plus de la vérité, lorsqu'il dit « que dans l'état ordinaire des choses, un homme ne peut pas vivre plus d'une semaine sans manger, et qu'il faut des circonstances spéciales pour dépasser ce terme. » Parmi ces circonstances, nous mentionnerons l'âge, l'embonpoint, l'habitude, l'état de maladie, le froid, une ferme volonté sous la dépendance d'une impression vive de l'âme, etc.

(1) Elementa physiologiæ, t. VI, p. 166.
(2) Traité de physiologie. Paris, 1841, t. IX, p. 235.

LOUYET,
Docteur-médecin.

**ABSTINENCE**, considérée sous le point de vue religieux. — voy. *Jeûne*.

**ABSTRACTION** (Idéologie). Opération de l'esprit par laquelle il considère une qualité, une propriété, comme si elle était séparée du sujet auquel elle est inhérente. — voy. *Philosophie*.

**ACADÉMIE** (Littérature). Platon est le premier qui ait donné le nom d'Académie à une école de philosophie qu'il ouvrit à Athènes dans un jardin célèbre. Aujourd'hui le nom d'Académie est donné aux associations de savants et de littérateurs qui s'assemblent dans le but de concourir aux progrès des arts, des sciences et des lettres. — voy. *Sociétés savantes*.

ACADÉMIE FRANÇAISE. Lorsque le cardinal de Richelieu apprit que les savants Godeau, Chappelain, Malleville, Gombault, Guyet, Hubert de Serraisy, se réunissaient à jours fixes chez le protestant Conrard, à l'effet de contribuer au progrès de la langue, alors en voie d'éclore, il demanda à faire partie de cette réunion qui lui paraissait suspecte. Mais, tout puissant qu'il était, il fut refusé. C'est alors que l'habile cardinal constitua officiellement cette société, par lettres patentes de 1636, et s'en déclara le chef sous le titre de Protecteur. Ainsi fut assurée l'existence de l'*Académie française*. Son premier soin fut de s'occuper du dictionnaire de la langue nationale. Cinquante années furent employées à la composition de ce grand ouvrage, qui ne contenait aucun des termes employés dans les arts et dans les sciences.

Doit-on blâmer ce corps savant d'avoir procédé lentement à l'accomplissement de cette grande œuvre ? Non sans doute, puisque la langue, sous la plume des sublimes génies du XVII^e^ siècle, se développait chaque jour, s'épurait et revêtait des formes plus douces, plus riches et plus durables ; mais on a le droit de lui demander pourquoi il ne nous a présenté qu'un répertoire incomplet des mots de la langue usuelle et littéraire. La langue n'a-t-elle donc été créée que pour marcher sur les traces des Bossuet, des Fénelon et des Massillon? N'a-t-elle donc été faite que pour dépeindre les opérations de l'esprit, et nous montrer, dans l'homme, le chef-d'œuvre de la création? Pourquoi alors rejeter le vocabulaire des arts et métiers? Pourquoi ne pas donner la définition de tous ces mots qui ont contribué puissamment à élever la France à son apogée de grandeur et de force? Pourquoi, enfin, ne travailler que pour les *beaux esprits?* Oubliez-vous, aujourd'hui, que nous sommes tous *peuple?* Rayez donc de votre dictionnaire le mot *populaire,* dont on a tant abusé pour propager des idées fausses, et ne concourez pas à étendre encore cet abus.

Le cardinal de Richelieu, en fondant l'Académie, la chargea du soin de composer une grammaire et un dictionnaire, de défendre les principes du bon et du beau, de répandre ses doctrines conservatrices, enfin de remplir le rôle important d'un haut tribunal littéraire, en prononçant en arbitre souverain sur les difficultés du langage. Mais comment a-t-elle répondu aux vœux du célèbre cardinal? Elle a élevé un édifice sans avoir posé de fondements, c'est-à-dire composé un dictionnaire sans avoir fait une grammaire, sans avoir reconnu de principes! Et de quelle manière fut rédigé ce dictionnaire? Il y avait alors deux manières de présenter la phrase d'exemple; c'était de copier un écrivain estimé qui l'avait employée, ou d'en composer une. Furetière, membre de l'illustre assemblée, qui composa seul un dictionnaire, prit la première toutes les fois qu'il le put, et ce fut, malheureusement, une raison pour que l'Académie prît l'autre. Alors, ne voyant pas derrière elle l'admirable littérature des Corneille, des Racine, des Pascal, des Bossuet, etc., et comme si l'on composait d'avance un tableau pour un portrait, la société savante composa une phrase pour un mot, ignorant sans doute que l'objet de tout bon dictionnaire est de justifier, par des citations bien choisies, la phrase d'exemple. Antoine Furetière, qui connaissait le génie de la langue, fit mieux que l'Académie, qui l'expulsa de son sein, en l'accusant d'avoir profité du travail de la docte assemblée pour composer son dictionnaire. Tout le monde connaît le plaisant *factum* que Furetière adressa à ses anciens confrères pour se défendre de l'accusation portée contre lui.

Mais, disons-le franchement, de quelle utilité pouvaient être aux gens de lettres des substantifs froidement accolés à des adjectifs, sans occasion, sans but? Quel profit pouvaient-ils retirer d'un ouvrage qui leur présentait des adverbes joints à des verbes ou à des adjectifs, sans rapport à d'autres membres de phrases? Que signifiaient des verbes et des prépositions formant avec d'autres mots des compléments, sans application à des idées déterminées précédemment? Ceux qui s'efforçaient de suivre les traces des grands écrivains, ne pouvaient trouver aucune lumière dans ce recueil de locutions sèches et morcelées, et la langue des Racine, des Fénelon, des Bossuet, n'avait rien de commun avec les lambeaux de phrase de l'Académie!

Qu'y a-t-il de changé à ce dictionnaire depuis la première édition? Absolument rien que deux ou trois cents mots d'ajoutés. La société savante n'a jamais rempli le rôle dont elle s'était chargée; elle a abdiqué son pouvoir suprême, pour se borner à couronner annuellement quelques lambeaux de vers ou de prose, honneur insigne que bien des auteurs ont souvent dû plutôt à la faveur qu'au mérite. Oh! si Richelieu pouvait sortir du tombeau, comme il dirait aux immortels : « Etait-ce bien là ce que j'étais en droit d'attendre de vous? Quoi! la moitié des mots de la langue figure à peine dans un livre qui emploie un demi-siècle pour sa rédaction; on n'y trouve pas une seule étymologie; on n'y cite pas la moindre phrase des grands écrivains du siècle de Louis XIV; les acceptions sont bornées; enfin j'y cherche vainement la trace de ce grand mouvement intellectuel qui a emporté si loin le monde moderne. Je n'y vois qu'une œuvre morte, indigne d'une grande nation! Ah! messieurs les académiciens, vous vous êtes compromis aux yeux du public, qui avait droit d'attendre beaucoup de vous; vous vous êtes endormis dans votre fauteuil plutôt que de veiller à la conservation et à la pureté de la langue! Mais détrompez-vous sur le prestige qui paraît s'attacher à votre ouvrage! Les bons esprits ont vu depuis longtemps que vous avez laissé à d'autres le soin d'accomplir la tâche qui vous était dévolue; et le livre que vous avez signé a perdu à jamais cette autorité que semblaient lui donner vos titres littéraires. *La croyance n'y est plus, et le ridicule attend quiconque voudrait tenter de la faire renaître.* »

Heureusement que de savants lexicographes et d'habiles critiques sont venus compléter l'œuvre de l'Académie, et exécuter presque seuls des travaux que n'avait pas voulu tenter un grand concours de lumières. B. LUNEL.

ACADÉMIE NATIONALE DES INSCRIPTIONS ET BELLES-LETTRES (40 membres titulaires). Établie par Colbert, en 1663, fut nommée successivement *petite Académie*, *Académie des Inscriptions et Médailles*; enfin, *Académie nationale des Inscriptions et Belles-Lettres*.

Dans l'origine, cette société borna ses travaux aux dessins des tapisseries du roi, aux devises des jetons du trésor royal, etc. Ce ne fut qu'en 1701, qu'elle reçut une constitution par les soins de l'abbé Bignon, et qu'elle fut spécialement chargée de cultiver les langues savantes, les antiquités et les monuments, l'histoire et toutes les sciences morales et politiques dans leur rapport avec l'histoire. TESSON DE LA ROCHELLE.

ACADÉMIE NATIONALE DES SCIENCES (65 membres titulaires). Fondée également par Colbert, en 1666, cette académie a pour but de travailler au perfectionnement des sciences mathématiques, physiques et naturelles. Onze sections partagent ses travaux, ce sont : 1° géométrie; 2° mécanique; 3° astronomie; 4° géographie et navigation; 5° physique générale; 6° chimie et minéralogie; 8° botanique; 9° économie rurale; 10° anatomie et zoologie; 11° médecine et chirurgie. *Idem.*

ACADÉMIE NATIONALE DES BEAUX-ARTS (40 membres titulaires). Fondée par Louis XIV, en 1648, sous le nom d'*Académie de Peinture* et de *Sculpture*, à laquelle fut réunie plus tard l'*Académie d'Architecture* (créée en 1671), cette société se compose de peintres, de sculpteurs, de graveurs, d'architectes et de musiciens-compositeurs. Elle est divisée en cinq sections : 1° peinture; 2° sculpture; 3° architecture; 4° gravure; 5° composition musicale. C'est parmi les peintres de cette Académie qu'est choisi le directeur de l'École de France, à Rome. *Idem.*

ACADÉMIE DES SCIENCES MORALES ET POLITIQUES (30 membres). Cette académie fut créée pendant la Révolution, à la renaissance de l'ordre, quand l'Institut lui-même fut établi. Supprimée par Bonaparte, premier consul, elle a été rétablie par Louis-Philippe, le 27 octobre 1832, sur le rapport de M. Guizot, alors ministre de l'instruction publique. Elle se divise en cinq sections : 1° philosophie; 2° morale; 3° législation, droit public et jurisprudence; 4° économie politique et statistique; 5° histoire générale et philosophie. TESSON DE LA ROCHELLE.

ACADÉMIE NATIONALE DE MÉDECINE. Créée par ordonnance royale du 20 décembre 1820, organisée en 1829, cette société a pour but principal de répondre aux demandes du gouvernement sur tout ce qui intéresse la santé publique : hygiène publique, épidémies, épizooties, valeur des remèdes nouveaux ou secrets, propriétés des eaux minérales ou factices, etc. Cette académie se divise en onze sections : 1° anatomie et physiologie; 2° pathologie médicale; 3° pathologie chirurgicale; 4° thérapeutique et histoire naturelle médicale; 5° médecine opératoire; 6° anatomie pathologique; 7° accouchements; 8° hygiène publique, médecine légale et police médicale; 9° médecine vétérinaire; 10° physique et chimie médicales; 11° pharmacie. Docteur HEINRIECH.

ACADÉMIE DES JEUX FLORAUX. Il n'est peut-être pas d'institution dans le midi de la France qui ait jeté autant d'éclat et acquis autant de réputation que l'antique Académie des Jeux floraux de Toulouse! Créée en octobre 1323, sous le nom de *Collége de la gaie science*, dans le but de décerner une *violette d'or* au poëte dont l'ouvrage paraîtrait le meilleur aux sept juges ou mainteneurs établis à cet effet, elle donna à la ville de Toulouse une réputation de savoir et de politesse, et contribua puissamment à faire renaître l'amour des bonnes études et le goût des beaux-arts. Les prix distribués chaque année aux gens de lettres les plus illustres excitèrent la plus vive émulation, et le nom seul de la fondatrice de ces jeux, *Clémence Isaure*, est un titre de gloire pour toute la France littéraire.

C'est en 1694 que Louis XIV érigea cette société en *Académie des Jeux floraux* et lui donna des règlements particuliers. Le nombre des mainteneurs fut porté à trente-cinq, et peu après à quarante, nombre qui n'a plus varié depuis. La *fête des fleurs*, c'est-à-dire la distribution des prix, a lieu chaque année le 3 mai. Dans cette séance, un des mainteneurs prononce l'éloge de l'illustre *fondatrice*, et les récompenses suivantes sont décernées :

1° L'*amarante d'or*, de 400 francs : il n'y a que les odes qui concourent pour cette fleur;

2° La *violette d'argent*, de 250 francs, destinée à un poëme qui n'excède pas 300 vers, à une épître, à un discours en vers;

3° Le *souci d'argent*, de 200 francs, pour l'églogue ou l'idylle, l'élégie et la ballade.

4° Le *lis d'argent*, de 60 francs, destiné à un sonnet ou à un hymne en l'honneur de la Vierge.

5° L'*églantine d'or*, de 450 francs, pour le meilleur discours en prose, dont l'académie elle-même donne le sujet. Mme Lunel (mère).

**Académie de l'enseignement.** Première société de pédagogie, établie en France en 1846, par M. B. Lunel, dans le but de traiter toutes les questions relatives à la bonne direction à donner à l'instruction et à l'éducation. Cette société, qui compte à peine cinq années d'existence, a déjà présenté :

1° Un *nouveau plan d'organisation d'enseignement en France;*

2° *Des moyens de perfectionner l'enseignement* de la lecture, de l'écriture, de la langue française, de l'arithmétique, du dessin linéaire, de la géométrie, de la géographie, de l'histoire, de l'agriculture, des sciences physiques et naturelles;

3° *Des rapports sur plusieurs questions intéressant l'instruction et l'éducation des femmes.*

Les travaux de la société sont divisés en sept classes, et les membres résidants sont répartis suivant leur spécialité, dans l'une ou plusieurs de ces classes :

1° Classe de langues et de littérature ;
2° Classe de mathématiques ;
3° Classe de géographie et d'histoire ;
4° Classes de sciences physiques et naturelles ;
5° Classe de musique ;
6° Classe d'arts d'agréments et d'utilité ;
7° Classe de pédagogie ;

En 1849, les membres résidants de l'Académie de l'enseignement ont voulu témoigner leur reconnaissance à l'honorable fondateur de la société, en lui décernant une magnifique médaille sur laquelle se trouve gravée l'expression de leurs sentiments. — voy. *Pédagogie*, *Bibliothèque.*

A. Roblin du Rocher,
Ancien président de l'Académie de l'enseignement.

**Académie nationale de musique.** — voy. *Opéra.*

**Académies départementales.** Bien avant la révolution de 1848, la France était divisée, pour l'administration de l'instruction publique, en vingt-sept académies, dont le ressort comprenait un certain nombre de départements ; ces vingt-sept académies étaient celles d'Aix, d'Ajaccio, d'Amiens, d'Angers, de Besançon, de Bordeaux, de Bourges, de Caen, de Cahors, de Clermont, de Dijon, de Douai, de Grenoble, de Limoges, de Lyon, de Metz, de Montpellier, de Nancy, de Nîmes, d'Orléans, de Paris, de Pau, de Poitiers, de Reims, de Rouen, de Strasbourg, de Toulouse. Le 7 septembre 1848, un arrêté ministériel réduisait à vingt le nombre de ces académies. Enfin, en 1850, quatre-vingt-neuf académies départementales, plus l'Académie d'Alger, remplacèrent les vingt académies universitaires.—voy. *Université.* Charles Labbé.

**ACALÈPHES** (Histoire naturelle. — *Rayonnés*). Zoophytes marins et phosphorescents qui ont la propriété de produire sur la main qui les touche une sensation brûlante, ce qui leur a valu le nom vulgaire d'*orties de mer* et celui d'*acalèphes*, qui a la même signification. La forme de ces animaux, à corps mollasse, gélatineux, transparent, est rayonnante et circulaire. Les *méduses*, les *velettes*, les *physalies*, les *diphyes* font partie de cette classe. — voy. *Rayonnés*, *zoophytes.* B. Lunel.

**ACALÉPHOLOGIE** (Histoire naturelle). Histoire naturelle des acalèphes. *Idem.*

**ACANTHOPTERYGIENS** (Histoire naturelle, *ichthyologie*). Premier ordre des poissons comprenant les individus dont les membranes des nageoires sont supportées par des rayons osseux ou épineux. Le nombre et la diversité des espèces a fait diviser cet ordre en un grand nombre de familles. Nous allons indiquer celles qui offrent le plus d'intérêt à connaître.

Dans la famille des *percoïdes* se trouve la *perche*, poisson d'eau douce, d'un beau vert doré sur le dos, sur lequel on remarque trois bandes plus foncées. Sa chair est ferme, délicate et estimée. Cet animal se transporte dans l'herbe à plusieurs lieues et arrive encore en vie, ce qui facilite le moyen de le multiplier.

Dans la famille des *squammipennes* se trouve le *chetodon*, aux dents plus ou moins déliées, au mu-

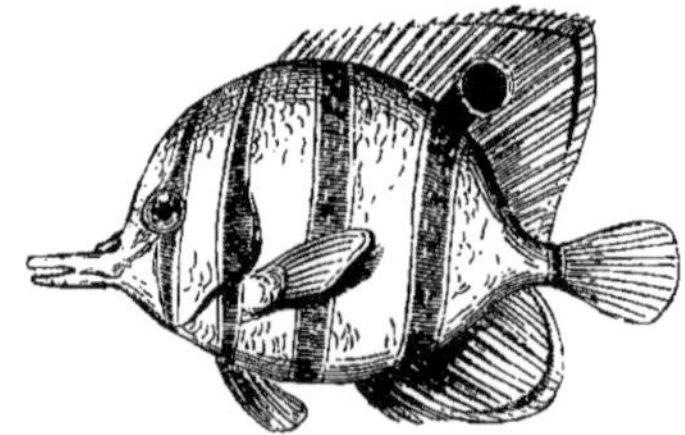

seau avancé, portant une ouverture très-étroite à la bouche, de petites écailles sur les nageoires, un corps élevé, enfin le corps et la queue aplatis littéralement. Le chetodon est un poisson charmant, dont tous les voyageurs des mers intertropicales ne parlent qu'avec ravissement. Sa chair est fraîche et agréable.

Dans la famille des *scomberoïdes* se trouve l'*espadon*, qui offre une conformation si singulière, due

au prolongement des os de la mâchoire supérieure, fortement unie avec le crâne. Cette espèce d'épée est pour ce poisson une arme défensive qui le rend capable de résister à tous les habitants de la mer, sans en excepter la baleine. La chair des espadons est fine et délicieuse. On les pêche dans la mer Méditerranée. B. LUNEL.

**ACCÉLÉRATION DE LA CHUTE DES CORPS.** Accroissement de vitesse acquise par un corps tombant librement et par sa propre pesanteur. *Le mouvement d'un corps qui tombe est uniformément accéléré, et les espaces parcourus par un mobile croissent comme les carrés des temps employés à les parcourir.*

Un corps qui tombe librement parcourt dans la première seconde 4$^{m}$ 904; 3 fois 4$^{m}$ 904 dans la 2$^{me}$; 5 fois 4$^{m}$904 dans la 3$^{me}$; 7 fois 4$^{m}$904 dans la 4$^{me}$; 9 fois 4$^{m}$ 904 dans la 5$^{me}$, etc. Or la différence des carrés des temps (1, 4, 9, 16, 25, etc.) est 3, 5, 7, 9, etc. Donc *les espaces parcourus par un mobile croissent*, etc.

On peut, d'après cette loi, obtenir approximativement une hauteur, celle d'une colonne, par exemple.

Supposons qu'une pierre a mis 3 secondes à tomber de la colonne Vendôme, à Paris; on trouvera la hauteur de cette colonne par la proportion suivante : 1 (carré de 1) : 9 (carré de 3 secondes) : : 4$^{m}$ 904 (espace parcouru dans la 1$^{re}$ seconde) : X (espace parcouru dans 3 secondes) ou 44$^{m}$ 136. Telle est à peu près la hauteur de la colonne Vendôme.

B. LUNEL.

**ACCORDS** (Musique). Réunion de plusieurs sons. Lorsque, dans le but d'accompagner une *mélodie* (voy. ce mot), plusieurs voix ou plusieurs instruments font entendre à la fois des sons différents, dont la réunion flatte l'oreille, il en résulte des accords.

On forme les accords en réunissant les tons de divers intervalles.—voy. ce mot.

EXEMPLE :

Les intervalles consonnants de la tonique, de la tierce et de la quinte réunis forment l'accord qui satisfait le plus l'oreille, et qui sert de base et de conclusion à toute idée musicale. On le nomme *accord parfait*.

EXEMPLE.

Si l'on substitue un seul intervalle dissonnant à un intervalle consonnant, on rend l'accord dissonnant.

Aussi l'emploi des accords dissonnants exige-t-il des précautions; ils doivent être *préparés* et *résolus*.

EXEMPLE :

préparation. dissonance. résolution. conclusion.

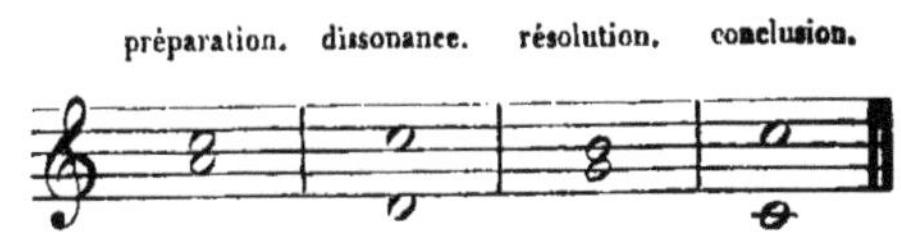

*Observation.* Lorsqu'on renverse les intervalles, on renverse aussi les accords. EXEMPLE :

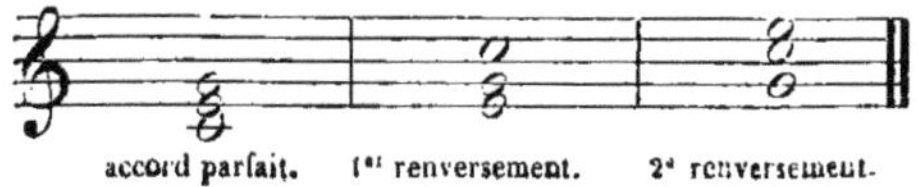

accord parfait. 1$^{er}$ renversement. 2$^{e}$ renversement.

C'est à ces renversements que sont dues les ressources de l'harmonie sans en compliquer les éléments.

L'*accord parfait* peut être *mineur* ou *majeur;* il devient *mineur* lorsque la tierce mineure entre dans sa composition.

EXEMPLE :

Chaque accord et chaque renversement d'accord porte un nom qui tire son origine de l'intervalle qui le caractérise le plus; d'après cela, le premier renversement de l'*accord parfait* constitue l'*accord de sixte*, parce que la *basse* forme une sixte avec l'octave; le second renversement s'appelle *accord de quarte et de sixte.*

L'*accord de seconde* est celui qui est formé d'une seconde, d'une quarte et d'une sixte; c'est le premier intervalle qui le rend dissonnant.

EXEMPLE :

(Voy. maintenant le mot *Harmonie*.)

EUGÉNIA ROBLIN DU ROCHER.

**ACCROISSEMENT** (Physiologie. — Histoire narelle). Augmentation de volume des corps par le dépôt successif de nouvelles molécules constituantes. Les animaux, les végétaux et les minéraux croissent, mais avec des différences que nous allons signaler. Dans les corps organisés (animaux, végétaux), l'accroissement se fait par *intussusception*, c'est-à-dire que les molécules qui doivent servir à leur augmentation de volume, entrent dans leur intérieur, s'y élaborent, se répandent dans les organes et s'y incorporent; dans les corps bruts ou inorganiques (minéraux), l'accroissement se fait par *justa-position*, c'est-à-dire qu'ils attirent, en vertu des lois de l'affinité, des molécules semblables à celles qui les constituent et qui se placent à leur surface extérieure. Chez les animaux et les végétaux, l'accroissement a une durée limitée, au lieu que dans les corps bruts, il augmente tant qu'il se trouve dans des conditions favorables.— voy. *Animal*, *Végétal*, *Minéral*. B. LUNEL.

**ACÉPHALES** (Histoire naturelle.—Conchyliologie). Nom donné par Cuvier à l'une des grandes classes de mollusques comprenant les espèces qui n'ont point de tête et dont la bouche est cachée sous le manteau. Tels sont les huîtres, les moules, les cames, etc. Ce mot vient du grec *a-kephalé*, sans tête.—voy. *Brachiopodes*, *Lamellibranches* et *Tuniciers*. B. LUNEL.

**ACIDES.** Dans l'acception ordinaire de ce mot, acide désigne simplement un corps doué d'une saveur *aigre;* mais en chimie, cette dénomination s'applique à tous les composés capables de former des *sels* en se combinant avec les *bases*.

*Propriétés.* Le véritable caractère des acides est tout chimique; mais ils ont d'autres qualités qui suffisent à en faire reconnaître le plus grand nombre. Voici les plus essentielles, classées dans l'ordre de leur importance relative :

1° Si, en goûtant un corps quelconque, l'on éprouve la saveur aigre, mordante ou agréablement piquante, avec afflux de salive et sensation d'aiguisement des dents tels que les font naître le vinaigre, l'oseille, le raisin, les pommes et toutes boissons rafraîchissantes faites avec l'orange, le citron, les groseilles, les cerises, l'épine-vinette, etc., etc., on peut être assuré de la présence d'un acide.

2° Il y a des substances qui ne peuvent être goûtées, soit à cause de leur putridité ou parce qu'elles sont mélangées de poisons, etc., on apprécie leur acidité en les mettant en contact *humide* avec du papier de tournesol ou toute autre couleur *bleue* végétale, qui *rougit* à l'instant même.

Une goutte de semblable liquide, tombant sur une étoffe ainsi teinte, y fait une tache rouge. C'est sur cette propriété que repose l'art de teindre en écarlate.

3° Le lait, le sang, l'albumine dissoute sont aisément *coagulés* par les acides les plus faibles.

Les pharmaciens et les ménagères s'en servent en guise de présure pour faire cailler promptement le lait, lorsqu'ils veulent du fromage ou du petit lait en grande quantité.

4° Si l'acide est insoluble ou gazeux, c'est-à-dire que ses vertus ne puissent se manifester dans les conditions sus-énoncées, on a recours à la *neutralisation*. On le sature par une base appropriée; et de ce rapprochement résulte un nouveau corps, portant le nom générique de *sel*, dans la production duquel on peut considérer l'*acide* comme jouant le rôle de *père* et la base celui de *mère*.

5° Lorsque l'acide est combiné, au lieu de libre que nous l'avons supposé jusqu'ici, et qu'on soumet la combinaison (sel) à l'action d'une pile voltaïque; celui des composant qui remplissait les fonctions d'acide se porte au *pôle positif*. C'est-à-dire, d'après la loi d'attrait des pôles de noms opposés, qu'il fait office de *corps négatif*.

Ces deux dernières propriétés sont moins faciles à déterminer que les précédentes. Il faut être habitué aux manipulations chimiques et avoir des réactifs à son service pour bien réussir; tandis que les autres moyens sont usuels et à la portée des intelligences les plus vulgaires.

*Composition*. L'oxygène, dont le nom signifie *générateur d'acides*, concourt à la formation du plus grand nombre d'entre eux. En se combinant avec les métaux et autres corps simples, il produit la plupart des acides *minéraux*. Ainsi :

Avec le soufre, il fait l'acide sulfurique.
— le charbon, — carbonique.
— l'azote, — azotique (nitrique.)
— le phosphore, — phosphorique.
— le chlore, — chlorique.
— le bore, — borique.

Ces quelques exemples indiquent suffisamment la nature de ces corps : on les appelle quelquefois *oxacides*, pour les distinguer de ceux dont l'hydrogène est le principe, et qu'on nomme pour cette raison *hydracides*. Par exemple : l'hydrogène

Uni au soufre, produit l'acide hydrosulfurique.
— chlore, — hydrochlorique.
— brôme, — hydrobromique.
— l'iode, — hydriodique.

Outre ces composés, toujours *binaires*, il y a les acides *organiques*, dont la composition est plus compliquée. Ceux-ci sont généralement formés par la combinaison à différents degrés, des quatre éléments suivants : oxygène, hydrogène, carbone et azote. Ils empruntent le nom des substances qui les fournissent ordinairement. Ainsi on dit acide :

Oxalique, parce qu'il est extrait de l'oseille.
Citrique, — du citron.
Malique, — des pommes.
Tartrique, — du tartre.
Lactique, — du lait.

*Provenance*. Presque tous les acides minéraux sont des produits de l'art; quand ils existent tout formés dans la nature, c'est en trop petite quantité pour les besoins de la science, de l'industrie et des arts. La nature, au contraire, se charge de préparer presque tous les autres par un mode de combinaison inconnu. Le rôle du chimiste se borne à leur extraction des végétaux et des animaux qui les renferment.

*Usages*. Sans les acides, la chimie serait impuissante à décomposer et à produire une multitude de corps qui font son orgueil. C'est à leur secours qu'elle doit ses conquêtes les plus brillantes et les plus utiles produits par lesquels l'industrie satisfait à nos besoins journaliers. Leur emploi comme condiment est on ne plus général, et la médecine en retire des avantages inappréciables.

Pour dire à tout ce que ces agents servent, il faudrait entrer dans le secret de tous les arts, et notre tâche doit se borner ici à une très-simple esquisse. Hébert (de Garnay.)

**ACOTYLÉDONES** (Histoire naturelle.— Botanique). Plantes dont l'embryon de la graine est dépourvu de lobes (cotylédons). C'est une des grandes divisions de la méthode de Jussieu, comprenant les champignons, les algues, les lichens, les mousses, les fougères, etc., et qui répond aux cryptogames de Linnée, et aux inembryonés de M. Richard. —voy. *Végétaux*. B. Lunel.

**ACOUSTIQUE** (Physique), *acousticos*. Qui sert à entendre.— L'*acoustique* a pour objet d'étudier les lois suivant lesquelles le son se produit dans les corps et se transmet ensuite jusqu'à nos organes.

Le son est le résultat du choc ou du frottement des corps; mais comme les actions qui le produisent se passent loin de nous, il faut qu'il existe entre le point où le bruit s'est manifesté et l'oreille destinée à le recevoir, un milieu qui lui serve de véhicule : ce milieu c'est l'*air*. On peut le démontrer facilement : si l'on met, sous le récipient d'une machine pneumatique A, une son-

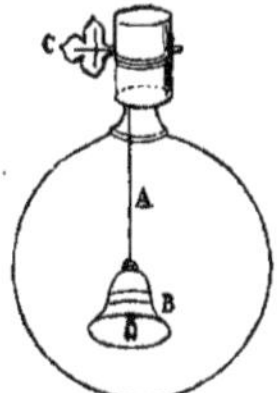


nette B, posée sur des coussins de ouate (et cette précaution est nécessaire pour éviter la transmission par les parois de la machine), la sonnette, en résonnant, fera vibrer l'air qui l'entoure; la cloche de verre participera de ce mouvement, le communiquera à l'air extérieur, et l'on entendra la cloche. Mais à mesure qu'on enlèvera l'air, le son s'affaiblira; il deviendra nul si l'on fait le vide complétement : et si l'on ouvre le robinet C pour laisser rentrer l'air, le son augmentera graduellement jusqu'à ce qu'il soit revenu à son intensité primitive.

M. Gay-Lussac a constaté que *le bruit* de sa voix était très-affaibli lorsqu'il essayait de former des sons à 7,000 mètres de hauteur, suspendu dans son ballon, loin des nuages et de tous les corps solides.

On a cherché longtemps à mesurer avec exactitude la vitesse du son. Les expériences les plus remarquables sont celles du P. Mersennes, de Cassini et Huyghens, celles de l'académie del Cimento, en 1660, de Walker, en 1698, de Derham, en 1704, etc.; enfin celles de l'académie des sciences, en 1822. Les observateurs étaient, d'une part, à Villejuif; le capitaine Boscary et MM. de Prony, Arago et Mathieu; d'autre part, à Montlhéry, MM. Humboldt, Gay-Lussac et Bouvard. Le bruit d'une pièce de 6, mit en moyenne 56" 4 pour arriver d'une station à l'autre, et la distance étant de 9549$^{m}$ 6, ce nombre divisé par 56" 4 donne 349$^{m}$ 88 pour la vitesse moyenne du son en 1".

Les ondulations de l'air qui transmettent le son se propagent sphériquement tout autour du point vibrant. Si elles rencontrent un obstacle, elles s'y réfléchissent, et si l'on est placé de manière à recevoir successivement l'onde directe et l'onde réfléchie, on entend deux fois le même son : un écho, un nuage peut quelquefois former écho. —voy. *Écho*.

Il faut distinguer dans les sons : 1° la *gravité;* 2° l'*intensité;* et 3° le *timbre.*

La *gravité* ou l'acuité des sons dépend de la longueur de l'onde sonore et du nombre de vibrations qu'elle fait en 1". Le son le plus grave est produit par une ondulation de 10$^{m}$ 36 et fait 32 vibrations en 1", et l'ondulation du son le plus aigu n'est que de 0$^{m}$ 4.

L'*intensité* n'est pas mesurée par la longueur de l'onde ou par sa rapidité, mais par la masse d'air mise en mouvement. Mille cordes vibrant à l'unisson feront toutes la même onde sonore, l'amplitude seule sera plus grande.

Le *timbre* est la nature propre du son rendu par un instrument; il est indépendant de la gravité et de l'intensité. On distingue très-bien la différence qui existe entre le son d'un piano et celui d'une clarinette donnant la même note, mais on ne sait pas au juste ce qui constitue le timbre.

Tous les sons, quels que soient leur timbre, leur gravité ou leur intensité, se propagent avec la même vitesse; s'il en était autrement, l'harmonie d'un concert n'existerait plus quand on l'entendrait de loin.

Lorsqu'un instrument produit un son, il détermine dans tous les corps environnants des vibrations de même nature que celles qu'il exécute. De là un moyen d'augmenter l'intensité des instruments. Les pianos, les harpes, les violons ont une caisse qui vibre avec les cordes et donnent au son de l'ampleur. Lorsqu'un homme chante avec une voix retentissante, il met en vibration tout ce qui l'entoure; les vitres de l'appartement qui se trouvent dans les conditions convenables pour vibrer à l'unisson de sa voix, prennent des ondulations dont les amplitudes dépassent souvent les limites de leur élasticité, et alors elles se brisent.

On trouve dans les mémoires de l'Académie de Berlin, 1822 et 1823, des observations faites avec beaucoup de soin par M. Fischer sur les diapasons des différents orchestres; voici les résultats auxquels il est parvenu :

| | | |
|---|---|---|
| Diap. du théât. de Berlin, | 437,32 | vibrations en 1". |
| Id. grand opéra français, | 431,34 | id. |
| Id. Feydeau. . . . . . . | 427,61 | id. |
| Id. Théâtre italien. . . . | 424,17 | id. |

Voy. *Musique, gamme.*

A. Deval de Saunade.

**ACTES DES APOTRES.** Livre du Nouveau Testament contenant l'histoire des progrès du christianisme, depuis l'ascension de J.-C., l'an 33, jusqu'à l'arrivée de saint Paul à Rome, vers l'an 65. Nous prouverons au mot *Bible* que les livres du Nouveau et de l'ancien Testament sont authentiques, vrais et divins. L'abbé Filocamo.

**ACTEUR, ACTRICE.** Celui ou celle qui représente un personnage quelconque dans une pièce de théâtre. Cette profession, honorée chez les Grecs, était méprisée chez les Romains. De nos jours encore, il est des personnes qui ne considèrent pas un bon artiste dramatique, honnête et loyal, comme un personnage estimable, aussi agréable que nécessaire à la société. C'est un préjugé qui doit céder à la raison. Et quoi! peindre les passions avec talent, émouvoir, attendrir, étonner, corriger, instruire son siècle, ne seraient pas des titres à l'estime publique, même quand à tout cela on peut joindre une conduite sage et irréprochable ?

Il était juste que dans les premiers temps on se soulevât contre les spectacles qui perpétuaient l'idolâtrie et nous présentaient des farces grossières et obscènes ; mais aujourd'hui que les bons théâtres sont devenus le fléau des ridicules et l'école de la vertu, il n'est pas juste de flétrir les hommes qui concourent à fustiger les uns et à honorer l'autre. — L'Académie française, en décernant plusieurs fois des prix de vertu à des acteurs, a prouvé qu'elle laissait bien loin derrière elle, le préjugé dont tant de gens sont encore imbus.

S. Gross.

**ACTIF** (Terme de comptabilité). Total des sommes dues à un négociant, opposé à *passif* qui est le total des sommes que doit un négociant.

**ACTION** (Terme de commerce). Titre qui établit qu'une somme a été mise dans une entreprise commerciale ayant pour but une opération déterminée, et donnant au porteur une part dans les bénéfices de la société.

**ADDITION** (Arithmétique). *Définition.* — Opération par laquelle on réunit plusieurs nombres de même espèce en un seul, appelé somme ou total.

Les quantités de même espèce sont celles qui portent la même dénomination. On doit donc additionner des francs avec des francs, des litres avec des litres, des grammes avec des grammes, etc.

*Règle.* Pour faire l'addition, on écrit les nombres les uns sous les autres, de manière que les unités soient sous les unités, les dixaines sous les dixaines, etc. On souligne le tout. Ensuite l'on ajoute successivement, en commençant par la droite, les nombres de chaque colonne verticale. Si la somme ne surpasse pas neuf, on l'écrit en entier; si elle renferme des dixaines et des unités, on écrit les unités au-dessous de la colonne des unités, et l'on retient les dizaines pour les joindre à la colonne suivante. Si la somme des unités donnait un nombre exact de dixaines, on placerait zéro au-dessous de la colonne des unités. On opère de même sur les colonnes suivantes jusqu'à la dernière, où tout report devenant impossible, l'on écrit exactement le nombre trouvé.

EXEMPLE.

Soit à additionner les nombres 6,324, 549 et 27.

Je dispose ainsi l'opération, et je dis :

```
6,324
  549
   27
-----
6,900
```

1^re^ COLONNE. — 4 et 9 font 13, et 7 font 20 ; je pose 0 à la colonne des unités, et je retiens 2 dizaines.

2^e^ COLONNE. — 2 de retenue et 2 font 4, et 4 font 8, et 2 font 10 ; je pose 0 à la colonne des dizaines, et je retiens 1 centaine.

3^e^ COLONNE. — 1 de retenue et 3 font 4, et 5 font 9 ; je pose 9 à la colonne des centaines.

4^e^ COLONNE. — Enfin passant à la colonne des mille, je dis 6, je pose 6, ce qui donne 6,900 pour total.

*Preuve.* On appelle preuve d'une opération une autre opération faite pour s'assurer de l'exactitude de la première. La preuve la plus simple de l'addition se fait en recommençant le calcul de bas en haut.

Pour la preuve de l'addition par la soustraction, — voy. *Soustraction*.

*Remarque.* On commence l'addition par la droite, parce que les dizaines de chaque colonne doivent être réunies aux unités de la colonne suivante à gauche, ce qui ne pourrait avoir lieu si l'on commençait l'opération par la gauche. Ch. Labbé.

**ADHÉSION** (physique). C'est l'attraction exercée entre les surfaces des corps de *nature différente*. On ne distingue l'*adhésion* de la *cohésion*, que parce que celle-ci ne s'exerce qu'entre des corps de *même nature*. — voy. *Affinité*, *Physique*.

**ADJECTIF** (Grammaire.) *Définition.* — Partie du discours qui modifie l'idée du substantif auquel il est joint, par l'expression de quelque qualité qu'il lui attribue.

L'adjectif diffère du substantif, en ce que celui-ci présente toujours l'objet comme absolu, isolé, comme ayant une existence indépendante de celle des autres êtres, tandis que l'adjectif ne se présente qu'à titre de qualificatif, de modificatif d'un objet exprimé ou sous-entendu, et dont il éveille toujours l'idée. Pour résumer en deux mots cette définition, le *substantif* est le corps, l'*adjectif* n'est que l'*ombre*.

*Classification.* Certains adjectifs marquent l'état, la manière d'être de l'objet : on les appelle *qualificatifs*. D'autres en déterminent la signification d'une manière précise ; ils en expriment la possession, l'indication, le nombre, l'ordre, la quotité vague et indéterminée : on les appelle *déterminatifs*, *possessifs*, *démonstratifs*, *numéraux cardinaux*, *numéraux ordinaux*, *indéfinis*.

*Accord.* L'adjectif s'identifiant dans notre esprit avec le substantif, et ne présentant avec lui qu'un seul objet, et, pour ainsi dire, qu'une seule idée, il doit en suivre toutes les variations, et avoir tous les accidents.

L'adjectif prend donc le genre et le nombre du nom qualifié ou déterminé.

S'il qualifie plusieurs noms singuliers, il se met au pluriel; si les noms sont de différents genres, il prend le masculin, qui est le genre primitif.

Cette règle souffre quelques exceptions.

1° Quand les substantifs ont à peu près la même signification, l'adjectif s'accorde avec le dernier;

2° Quand les substantifs sont joints par la conjonction *ou*, l'adjectif s'accorde avec le dernier, si la conjonction donne exclusion à l'un des deux substantifs : *on demande un* HOMME OU *une* FEMME AGÉS;

3° Les adjectifs *nu*, *demi*, *excepté*, *supposé*, *compris*, *passé* ci-*joint*, ci-*inclus*, *franc*-de-port, placés devant les noms, sont invariables; mais, s'ils les suivent, ils en prennent le genre et le nombre.

*Remarque.* Placé après le nom, *demi* ne s'accorde qu'en genre et reste toujours au singulier.

4° *Feu* subit les modifications du nom, quand il le précède immédiatement, et reste invariable, s'il n'est séparé par un déterminatif quelconque;

5° Quand une locution est formée de deux adjectifs dont l'un modifie l'autre, ils demeurent tous deux invariables : *bleu-foncé*, *châtain-clair*, *rose-tendre*.

Mais si chacun des adjectifs exprime une qualification distincte, les deux parties de la locution prennent l'accord : *Des hommes* MORTS-IVRES.

6° Tout adjectif modifiant un verbe, change de nature; il est adverbe, et par conséquent invariable.

*Des services que l'on mendie coûtent trop* CHER.

Je hais ces COUR-*vêtus* qui, malgré tout leur bien,
Sont un jour quelque chose et le lendemain rien.

*Construction.* Cette partie du chapitre de l'adjectif est importante. Il n'y a peut-être pas une phrase, dans toute la langue, où il soit parfaitement indifférent de placer l'adjectif avant ou après le substantif : il existe toujours des nuances; et si délicates qu'elles soient, elles n'en sont pas moins réelles. Dans une phrase, tel mot doit être avant tel autre, qui devrait venir après dans une autre circonstance. Quand il s'agit de la précision des mots, de l'élégance du style, il faut tout consulter : l'*oreille* pour l'harmonie et la variété des sons, l'*esprit* pour la justesse et la liaison des idées.

Quant à formuler des règles sur ce sujet, nous nous en abstiendrons, et nous dirons, avec Vaugelas, « qu'il n'y a en cela de plus grand secret, que de consulter l'oreille. »

En nous exprimant ainsi, nous n'entendons pas parler, bien entendu, de ces cas particuliers, comme *femme grosse*, *grosse femme*; *sage-femme*, *femme sage*, où les adjectifs modifient diversement le sens des substantifs, suivant qu'ils les précèdent ou qu'ils les suivent. Cette question est trop élémentaire pour qu'elle puisse trouver place ici.

ADJECTIFS NUMÉRAUX. Les adjectifs *numéraux ordinaux* sont tous variables, et les *cardinaux* tous invariables, excepté *vingt* et *cent*, qui varient s'ils sont précédés d'un nom de nombre qui les multiplie et suivis d'un substantif exprimé ou sous-entendu, à la condition, toutefois, que *vingt* et *cent* ne soient point, par abréviation, employés pour *vingtième*, *centième*.

1,000 s'écrit ainsi (*mille*) dans les supputations ordinaires. Pour l'énonciation des dates, on supprime généralement la dernière syllabe (*mil*).

ADJECTIFS POSSESSIFS. Dans les rapports de possession établis avec des noms de choses, au lieu de *son*, *sa*, *ses*, *leur*, *leurs*, on emploie le pronom *en*, accompagné des déterminatifs simples *le*, *la*, *les*, toutes les fois que le nom de l'être possesseur ne figure pas dans la même proposition que le nom de la chose possédée :

*Pourquoi craindre la mort, si l'on a assez bien vécu pour n'*EN *pas craindre* LES *suites*?

ADJECTIFS INDÉFINIS. *Tout*, *quelque*, *même*, sont adjectifs, et, comme tels, s'accordent quand ils modifient la signification du substantif. Ex. :

*La santé est le plus précieux de* TOUS *les biens.*

QUELQUES *erreurs que suive le monde, on s'y laisse toujours prendre.*

*Les* MÊMES *vertus qui servent à fonder un empire, servent aussi à le conserver.*

Ils sont adverbes, et par conséquent invariables, quand la modification qu'ils expriment tombe sur l'adjectif ou sur le verbe. Ex. :

*Dans le pays du Nord, on trouve des loups* TOUT *blancs et* TOUT *noirs.*

QUELQUE *vertueuses que soient les femmes aimables, elles ne peuvent guère se défendre d'un tendre engagement.*

*Le vainqueur immola les femmes, les vieillards et* MÊME *les enfants.*

Cependant *tout*, quoique adverbe, prend, par raison d'euphonie, la livrée du nom, quand l'adjectif féminin qui le suit a pour initiale une consonne ou un *h* aspiré. Ex. : *Cette fleur est* TOUTE *fanée.*

La syntaxe des déterminatifs *tout, quelque, même*, est tout entière dans ces quelques mots, seulement la difficulté consiste à savoir distinguer, dans certains cas particuliers, le modificatif-adjectif du modificatif-adverbe.

*Remarque importante.* — *Quelque* présente, sous ce rapport, un point qui est resté douteux. Placé devant un adjectif et un nom, il est, dit-on, *toujours* variable ; car alors le substantif fait la loi :

QUELQUES *grandes richesses que vous ayez*...... — QUELQUES *vains lauriers que promette la guerre*... etc.

Appliquée à ces exemples et à tous ceux qui leur ressemblent, cette règle nous paraît logique. Les adjectifs n'ont ici qu'une importance secondaire ; c'est sur le substantif que se porte principalement, presque exclusivement l'attention. On peut même dire, en omettant les qualificatifs : QUELQUES... *richesses que vous ayez.* — QUELQUES... *lauriers que promette la guerre.*

Ou encore :

*Malgré les richesses que vous avez... Malgré les lauriers que promet la guerre...*

Mais si l'on dit :

QUELQUE *bons traducteurs*, QUELQUE *habiles ouvriers qu'ils soient...*

Le cas a totalement changé. La modification va directement aux idées de *bonté*, d'*habileté* ; et il devient impossible de remplacer, comme dans les exemples précédents, l'expression *quelque* par *malgré*, suivi de l'*article*.

*Aucun*, pris dans le sens négatif, et *nul*, excluent toute idée de pluralité, à moins que le substantif n'ait pas de singulier, ou qu'il ait au pluriel une acception particulière.

*Formation du féminin.* — Dans les adjectifs, la lettre distinctive du féminin est la voyelle muette *e*. Mais les exceptions sont nombreuses :

1° Tout qualificatif terminé par une des consonnes *m, n, s, t*, redouble généralement la consonne devant l'*e* muet.

Dans quelques adjectifs terminés en *et*, l'accent grave dispense de la réduplication.

Cette remarque s'applique aussi à tous les adjectifs en *er*.

2° Les adjectifs en *f, x*, remplacent généralement ces consonnes par les syllabes finales *ve, se.*

3° Les adjectifs en *eur* changent au féminin cette finale en *euse*, sauf les exceptions. L'oreille exercée par l'usage est ici d'un puissant secours.

*Formation du pluriel.* — On forme le pluriel des adjectifs par l'addition d'un *s*, à moins qu'ils ne soient déjà terminés au singulier par *s* ou par *x*.

Les adjectifs en *al* forment leur pluriel en *aux*. Un certain nombre cependant suivent la règle générale, d'autres enfin sont inusités au masculin pluriel (1). LAROUSSE,

Auteur de la *Lexicologie des Ecoles.*

**ADMINISTRATION** (Politique). Dans l'acception la plus large, *gestion de toutes les affaires publiques.* L'administration publique comprend donc la surveillance de tous les intérêts d'une nation, le maintien de son indépendance au dehors, de sa sécurité et de son bien-être au dedans. L'indépendance de la cité et du citoyen reposant sur la *force*, et l'élément de la fortune privée, sur l'*économie* ; combiner habilement la force et l'économie, c'est donc constituer toute bonne administration. — Les administrations de l'abbé Suger, du cardinal d'Amboise, de Sully, de Colbert et de Necker, peuvent être offertes comme modèles de sage prévoyance. JOSEPH TESSON DE LA ROCHELLE.

**ADOLESCENCE** (Physiologie, éducation). Période de la vie humaine, qui s'étend, en général, de quatorze à vingt ans chez l'homme, et de onze à dix-huit chez la femme. C'est dans ce laps de temps, appelé par les poëtes la fleur de la vie, que se complète le développement de l'individu, et alors aussi que se forment l'esprit et le cœur. De là l'importance d'entourer de soins et d'intérêt cet âge qui succède à l'enfance, et de préparer et d'assurer, au moyen de l'éducation physique, morale et intellectuelle, l'avenir de ces jeunes citoyens qui sont l'espoir de la génération nouvelle. — voy. *Age.*

Docteur HEINRIECH.

**ADRESSE** (*Dexteritas*, des Latins). Dextérité, habilité à faire les choses d'une manière conforme aux règles de l'art défini l'art de bien faire. Il y a deux sortes d'adresse : l'*adresse physique* et l'*adresse intellectuelle.* L'adresse physique est la facilité d'exécution, due à la mobilité et à la flexibilité des organes instrumentateurs du corps ; l'adresse intellec-

(1) Page 16, lig. 21, supprimer l'exemple.

tuelle est l'aptitude de l'intelligence et de l'esprit à concevoir ou à saisir avec rapidité les moyens inconnus, secrets ou détournés, qui doivent servir de base à la solution définitive d'une question proposée. Sont *adroits*, physiquement parlant, et à des degrés différents, le prestidigitateur qui excite et entretient la curiosité de ses spectateurs par la subtilité de ses tours, et le chasseur qui arrête et surprend dans son vol l'hirondelle atteinte du plomb meurtrier qu'il lui envoie; sont *adroits*, intellectuellement parlant, l'orateur qui, surmontant à l'aide de réflexions et de pensées ingénieuses les difficultés que lui présente le sujet qu'il traite, parvient à captiver l'attention distraite et même prévenue de ses auditeurs, et à porter la persuasion et la conviction dans leur âme ; le fonctionnaire public et politique qui, aux prises avec une opposition factieuse, trouve dans les ressources de son imagination les moyens de la réprimer et d'en triompher ; sont *adroits*, physiquement et moralement parlant, l'artisan qui, dans son métier, imagine et exécute un ouvrage d'une forme nouvelle, à la fois utile et agréable ; le mécanicien qui joint à l'intelligence de son art l'exécution pratique des ressorts de sa machine ; l'opérateur qui doit à ses études scientifiques et à une heureuse expérience les succès qu'il obtient dans l'exercice de sa difficile et honorable profession ; enfin l'honnête négociant dont les spéculations se renferment dans les limites d'une ambition sage et modérée. L'adresse, qui doit à l'intelligence qu'elle suppose sa parenté au premier degré avec la souplesse et la finesse, devient une qualité presque toujours indispensable aux personnes chargées de la protection et de la défense d'intérêts graves et sérieux. La limite de sa définition s'arrête au début de celle de la ruse et de l'artifice. BECHERAND, prof. de littérature.

**ADULTES** (Pédagogie). Individus parvenus à l'âge de raison. Ici le temps de l'éducation physique est passé, mais l'éducation morale de l'adulte a toujours lieu et doit marcher de front avec son éducation politique. Que l'on compare les atrocités de la Terreur avec ce qui s'est passé en 1830 et en 1848, et l'on verra si le peuple ne s'est pas montré plus généreux de nos jours, qu'il y a un demi-siècle. L'éducation des adultes s'est donc améliorée depuis 1789, et c'est une erreur de croire qu'on ne peut s'instruire passé les premières années. Tout, au contraire, dans la vie est école pour le peuple : manière de gouverner, lois, institutions, théâtres, etc., tout, selon nous, tend à faire progresser son éducation et à augmenter ses connaissances acquises. —Voy. *Éducation des adultes.*

J. TESSON DE LA ROCHELLE.

**ADVERBE** (Grammaire). *Définition.* — Partie du discours toujours invariable et dont la fonction la plus ordinaire est de modifier le verbe; c'est ce qui a fait donner à cette espèce de mot le nom d'*adverbe*, c'est-à-dire mot joint au verbe, et c'est ce qui a engagé Théodore de Gaza à l'appeler l'*épithète du verbe;* mais il ne modifie pas seulement l'état du sujet, ou l'action exprimée par le verbe, il sert encore à modifier les adjectifs et les adverbes qui renferment une qualification, et cependant il n'en conserve pas moins toujours le nom d'adverbe, car les mots tirent leur dénomination de leur emploi le plus fréquent.

*Origine.* — L'adverbe n'est pas un élément essentiel du langage. En effet, ce n'est qu'une expression abrégée, équivalant à une préposition suivie de son complément. Agir sagement, c'est agir avec sagesse. Aussi les peuples ont-ils été longtemps avant d'en faire usage. A l'origine des langues, on se servait de périphrases qui embarrassaient la marche du discours. On disait, par exemple, chanter *d'un ton haut*, écrire *en style élégant*, etc. ; mais toutes les modifications ne pouvant s'exprimer ainsi, il fallut imaginer un moyen d'abréviation ; on réduisit donc ces formes à leur plus grande simplicité, soit en supprimant le nom, l'adjectif ou la proposition, soit en substituant un mot à un ou plusieurs autres.

Mais de ce que l'adverbe peut se décomposer en une préposition et un substantif, il ne s'en suit pas que toute préposition suivie d'un substantif soit un adverbe. Ainsi dans cette phrase : Rome fut prise *par les Gaulois*, les mots *par les Gaulois* ne constituent pas un adverbe, et ne pourraient pas même être remplacés par un adverbe. Il en est de même des articles contractés *au, aux, du, des*, et des pronoms *me, te, il, lui, leur*. Bien que ces mots aient réellement la valeur d'une préposition et de son complément, ils ne sont pas des adverbes, car ils n'expriment pas un rapport entre un objet et une action ou une qualité, et ils ne servent pas à marquer les modifications de cette action et de cette qualité.

*Fonctions.* — Les grammairiens sont bien loin d'être d'accord sur les fonctions de ce mot : les uns prétendent que c'est le verbe qui est modifié, les autres soutiennent que c'est l'attribut. Pour décider la question, il faut entrer dans des développements que ne comporte pas le cadre de cet ouvrage, et qui d'ailleurs ne sont d'aucune utilité dans la pratique.

*Invariabilité.* — Par la nature même de ses fonctions, l'adverbe doit être invariable, car une qualité, un lieu, un temps ne changent pas, suivant le nombre ou le sexe des êtres dont il est question.

*Diverses espèces.* — On en admet ordinairement de deux sortes : *les adverbes simples et les adverbes composés.*

Les *adverbes simples*, les seuls qui soient véritablement des adverbes, sont, ou des mots qui, dès l'origine et à cause de la simplicité de leurs formes, ont toujours présenté un tout indécomposable; tels sont les mots *y*, *là*, *quand*, etc.; ou de plusieurs mots réunis par l'usage, et qui, par cette juxtaposition ont perdu généralement la signification que présentaient les mots isolés, pour en prendre une nouvelle, équivalant à une idée unique, comme *toujours*, *beaucoup*, *aujourd'hui*, etc.

Les *adverbes composés* sont ceux qui sont formés de plusieurs mots, qu'il est d'usage d'écrire séparément, comme *à présent*, *en haut*, *en bas*, etc., ou d'unir au moyen d'un trait d'union, comme *à contre-cœur*, *peut-être*, *sur-le-champ*, etc. Ces expressions sont plutôt des *locutions adverbiales* que des adverbes. L'usage seul peut faire connaître celles de ces locutions qui admettent le trait d'union, et celles qui le rejettent.

*Classification.* — Les grammairiens ont l'habitude d'établir parmi les adverbes un assez grand nombre de divisions, dont ils fixent la quantité arbitrairement. Mais toutes ces divisions et subdivisions n'étant d'aucune espèce d'utilité, et n'ayant d'autre résultat que de jeter la confusion dans l'esprit des élèves, ce qu'il y a de mieux à faire, c'est de ne pas s'en occuper. Nous dirons seulement en passant que certains adverbes expriment le temps, d'autres le lieu, quelques-uns la quantité, la qualité ou la manière, ou l'affirmation, la négation, etc., parce que cela pourra contribuer à l'intelligence de quelques règles de syntaxe.

*Régime* ou *complément.* — Généralement les adverbes n'ont pas de régimes, parce qu'ils expriment par eux-mêmes un sens complet. Cependant quelques adverbes, formés d'adjectifs, admettent après eux le même complément que l'adjectif dont ils sont formés.

*Modifications.* — Si les adverbes ne sont susceptibles ni de genre ni de nombre, ils peuvent subir certaines modifications pour exprimer des idées accessoires de quantité. Dans certaines langues, en grec, en latin, en anglais, en allemand, etc., ces idées s'expriment par des formes nouvelles que reçoit l'adverbe. Ex. : le mot latin *feliciter* heureusement, fait *felicius*, plus heureusement, *felicissimè*, très-heureusement, ou le plus heureusement, et dans d'autres langues, au contraire, comme en français, ces idées s'expriment par de nouveaux adverbes qui se surajoutent aux premiers. Ex. : *plus habilement*, *fort agréablement*, *très-bien*, etc.; et cependant, comme ces modifications ne sont pas assez nombreuses pour exprimer toutes les nuances de la pensée, il n'y a pas de langue qui ne soit obligée de recourir aux périphrases que nous avons adoptées. D'un autre côté, bien que nous n'ayons pas admis les terminaisons propres à exprimer les divers degrés de quantité, nous avons cependant admis un petit nombre de mots de cette nature, que nous avons généralement empruntés aux Latins, tels sont : pis, mieux, etc.; mais les mots, analogues à ces deux derniers, sont fort peu usités, et ne servent guère que dans le style familier.

*Formation de quelques adverbes.* — Parmi les adverbes, il n'y a que ceux qui expriment la manière dont une chose se fait, qui se forment régulièrement des adjectifs dont la signification est analogue. Ils sont terminés en *ment*, désinence venant du mot latin *mens*, esprit, manière. Voici les règles qu'on suit à cet égard :

1° Quand l'adjectif masculin finit par une voyelle, la simple addition de *ment* forme l'adjectif; ainsi, de *juste*, *joli*, *vrai*, etc., on fait *justement*, *joliment*, *vraiment*, etc.

Cependant *impuni* fait *impunément*, *traître*, *traîtreusement*.

La prononciation oblige à changer l'*e* muet des adjectifs *aveugle*, *commode*, *conforme*, *énorme*, en *é* fermé, *aveuglément*, *commodément*, *conformément*, *énormément*. Cet usage semble vicieux à Boinvilliers, et il propose de soumettre ces mots à la règle générale; mais son opinion n'a pas prévalu.

Les adverbes *follement*, *mollement*, *nouvellement*, *bellement*, se forment des féminins, *folle*, *molle*, *nouvelle*, *belle*, et non des masculins, *fou*, *mou*, *nouveau*, *beau*.

Quelques grammairiens prétendent que c'est sur le féminin de l'adjectif que doit se former l'adverbe, quelle que soit la terminaison du masculin. Cette règle serait certainement plus simple, mais le principe contraire a prévalu, parce qu'on a pensé que l'*e* muet du féminin, se trouvant précédé d'une voyelle, ne pourrait avoir dans l'adverbe qu'un son pénible et difficile, et que, quand même on le négligerait complétement dans la prononciation, cette règle aurait pour effet de multiplier outre mesure les lettres muettes, déjà beaucoup trop nombreuses dans notre langue.

2° Quand l'adjectif finit par un *e* fermé, la simple addition de *ment* fait l'adverbe ; ainsi de *aisé*, *déterminé*, etc., se forment les adverbes *aisément*, *déterminément*, etc.

3° Quand l'adjectif est terminé au masculin par une consonne, l'adverbe se forme de la terminaison féminine, en y ajoutant *ment;* ainsi : *fort*, *franc*, *doux*, *heureux*, etc., font *fortement*, *franchement*, *doucement*, *heureusement*, etc.

Cependant *gentil* fait *gentiment,* parce que le *l* ne se prononce pas.

La prononciation oblige aussi à changer en *e* fermé l'*e* muet des adjectifs *commune*, *confuse*, *diffuse*, *expresse*, *importune*, *obscure*, *précise*, *profonde*. Boinvilliers fait pour ces adjectifs la même observation que pour ceux que nous avons cités; mais il n'a pas été plus heureux.

4° On écrit par *mment* les adverbes formés des adjectifs en *ant* ou en *ent : abondamment*, *élégamment*, etc., viennent de *abondant*, *élégant*, etc. ; et *ardemment*, *différemment*, etc., de *ardent*, *différent*, etc.

Mais *lent*, *prudent*, *véhément,* font *lentement*, *prudemment*, *véhémentement*.

*Mots employés adverbialement.* — La plupart des adjectifs s'emploient accidentellement comme adverbes, et sont par conséquent invariables; mais ils ne perdent pas pour cela leur nature primitive, ce qu'il est facile de vérifier, en rétablissant les mots ellipsés. *Parler haut*, c'est-à-dire parler d'un *ton haut*. Aller *à droite*, c'est-à-dire *à main droite.*

*Emploi accidentel des adverbes.* — Les adverbes de quantité s'emploient souvent comme substantifs, et sont alors suivis de la préposition *de* : Vous avez plus d'argent que moi.

Certaines prépositions sont quelquefois confondues avec les adverbes, parce qu'on les emploie sans complément; mais on ne fait pas changer de nature à ces mots. En effet, si je dis : si vous appuyez cette proposition, je parlerai *pour*, il est bien évident que *cette proposition* est sous-entendu, pour rendre la phrase plus concise.

*Syntaxe de l'adverbe.* — Les règles relatives à la construction de cette sorte de mots sont peu nombreuses, puisqu'elle n'est susceptible ni de genre ni de nombre. Mais on doit déterminer sa place dans la phrase, ce qui est quelquefois assez embarrassant et peu susceptible d'être formulé en règles ; car souvent c'est le goût ou l'usage qui servent de guides en ce cas. L'emploi de la négative est une des difficultés pour les personnes qui n'ont pas fait une étude spéciale de notre langue, mais cette matière est trop compliquée pour être traitée dans un ouvrage de la nature de celui-ci. Il faut consulter les grammaires un peu développées, dans lesquelles on trouvera les renseignements nécessaires.

J. B. PRODHOMME,
Secrétaire particulier de la société grammaticale.

**AÉROLITHES** (Météorologie). Synonymes : *Bolides*, *Météorolithes*, *Uranolythes*, *Pierres tombées du ciel*, *de la lune*... Masses plus ou moins volumineuses, différentes de consistance, de forme, de poids spécifiques, mais se ressemblant toujours par leur nature intime, leur composition chimique, qui semblent tomber des régions supérieures de l'atmosphère.

Depuis Josué, dans tous les temps, les auteurs ont parlé de pierres tombées du ciel, de grêles de pierres, de pluies de feu, de masses que l'on considérait comme volcaniques et qui par leurs caractères ne ressemblaient en rien aux minéraux des pays sur le sol desquels on les rencontrait ; ces récits, souvent révoqués en doute, ont été confirmés par des observations modernes d'une authenticité certaine. Aujourd'hui, il est bien prouvé qu'il tombe de l'atmosphère, des masses d'une nature particulière, que leur chute est précédée de l'apparition d'un globe lumineux et rapide à une élévation plus ou moins grande, accompagnée d'une détonation épouvantable, d'un roulement prolongé, de sifflements aigus causés par des pierres lancées avec la vitesse des balles, qui viennent frapper la terre, s'y enfoncer et briser les toits, les arbres, tous les obstacles qui s'opposent à leur chute.

Ces phénomènes, analogues peut-être à ceux du tonnerre, ne peuvent être confondus avec eux, car c'est souvent par le temps le plus calme, dans une soirée fraîche et limpide, que l'œil est surpris par une lumière plus vive, puis de l'horizon, un brillant météore présentant un volume variable mais répandant toujours une lumière intense, se détache et traverse en ligne droite l'atmosphère, laissant après lui une traînée lumineuse qui, quand il a disparu, s'évapore en nuage blanchâtre. Alors, parfois, on peut entendre un immense retentissement, comme les roulements du canon, les éclats de la foudre, puis sur les lieux au-dessus desquels il se trouve, est projetée une mitraille de pierres, de concrétions charbonneuses, de masses métalliques considérables.

Les aérolithes se présentent généralement sous forme de masses pierreuses ou métalliques polyédriques, à angles émoussés par un commencement de fusion, à surface noire et lisse, vitrifiée à une profondeur variable ; suivant leur consistance, leur cassure est grenue, terne, grisâtre, leurs fragments mous et friables ou rayant le verre et donnant des étincelles sous le choc du briquet, parsemés de paillettes de fer qu'on y trouve encore en petits lingots ou en grains si petits qu'ils ne se révèlent que par l'oxydation; ces masses peuvent encore présenter l'aspect du schiste ou du charbon de terre ; on prétend même en avoir observé de presque gélatiniformes.

La chimie nous démontre que toutes ces masses, de propriétés physiques si différentes, présentent une composition analogue, des éléments sensiblement les mêmes : dans toutes on rencontre le nickel, métal assez rare à la surface de la terre : le fer, le chrôme, le carbone y sont presque constamment unis aux alcalis terreux ; tous les aérolithes semblent doués en outre, surtout au moment de leur chute, d'un pouvoir magnétique très-remarquable.

Un grand nombre de bolides on été décrits et analysés avec le plus grand soin par des savants distingués. Telles sont les pierres tombées à l'Aigle en Normandie dans lesquelles MM. Fourcroy et Vauquelin ont trouvé :

| | |
|---|---|
| Silex. . . . . . . . . . . . . . . . | 53 |
| Fer oxydé. . . . . . . . . . . . . | 36 |
| Magnésie. . . . . . . . . . . . . | 9 |
| Nickel. . . . . . . . . . . . . . | 3 |
| Soufre. . . . . . . . . . . . . . | 2 |
| Chaux. . . . . . . . . . . . . . | 1 |

Ces deux masses noirâtres, charbonneuses, feuilletées, friables, qui tombèrent ensemble dans les environs d'Alais (Gard), et qui fournirent à l'analyse de Thénard :

| | |
|---|---|
| Silice. . . . . . . . . . . . . | 21 » |
| Manganèse. . . . . . . . . . . | 9 » |
| Fer oxydé. . . . . . . . . . . | 40 » |
| Nickel. . . . . . . . . . . . . | 2 50 |
| Manganèse. . . . . . . . . . . | 2 » |
| Chrôme. . . . . . . . . . . . | 1 » |
| Soufre. . . . . . . . . . . . . | 3 50 |
| Carbone. . . . . . . . . . . . | 2 50 |

On doit considérer comme des aérolithes, ces masses de fer pur natif que l'on rencontre surtout en Afrique, mêlées à une faible proportion de nickel, les blocs de fer aimanté de la Sibérie dont plusieurs ont donné à Klaporth :

| | |
|---|---|
| Fer. . . . . . . . . . . . . . | 18 50 |
| Nickel. . . . . . . . . . . . . | 0 75 |
| Silice. . . . . . . . . . . . . | 20 50 |
| Magnésie. . . . . . . . . . . | 19 25 |

Il n'est peut-être aucune question qui ait été autant agitée, qui ait donné lieu à autant de théories plus ou moins absurdes que l'origine des aérolithes ; après ceux qui, pour couper court à l'explication, en ont nié l'existence, sont venus ceux qui ont prétendu que l'hydrogène emporté par sa légèreté spécifique dans les hautes régions de l'atmosphère, tient en dissolution ou en suspension des particules métalliques qui s'amalgament sous une influence électrique inexpliquée; d'autres ont admis que des particules beaucoup moins ténues étaient soulevées par les vents puis amalgamées : une réflexion bien naturelle nous fait comprendre qu'il faudrait une quantité bien incalculable de particules invisibles pour former des masses pesant parfois plusieurs mille kilogrammes. La théorie qui vint ensuite et qui régna pendant longtemps, surtout parmi les mathématiciens, c'est que ces pierres nous viennent directement de la lune, lancées par les volcans de cette planète. Comment ne pas trouver cette théorie admissible ? Poisson ne démontrait-il pas géométriquement qu'une pierre lancée de la lune avec une vitesse double de celle imprimée au boulet par une pièce de 24, entrerait dans notre atmosphère... Et comment ne pas supposer cette force aux volcans de la lune ? Mais les astronomes, jaloux sans doute de cette théorie mathématique, sont venus déclarer que la lune ne possède pas le moindre volcan et ruiner le système. M. Gay-Lussac professait que des corps lancés dans l'espace, peut-être des débris de planète, sont entraînés autour de la terre dans un cercle qui se rétrécit sans cesse et qui finit par les amener en contact avec le globe sur lequel elle tombent avec une vitesse si grande qu'elle suffit pour les enflammer. Exagérant ces idées, l'Anglais Halley admet que les grandes révolutions du globe sont causées par les secousses imprimées à la terre par le choc d'énormes aérolithes : allant plus loin encore, Olbers a calculé la grosseur, la densité et la vitesse de celui dont la rencontre doit mettre la terre en pièces. Nous sommes forcé d'avouer que malgré les travaux de Biot, d'Arago, de Gay-Lussac, de Chaldini, de Blumembach, nous ne possédons encore sur la formation des aérolithes aucune théorie satisfaisante. Disons toutefois que les idées des savants, éclairant le vulgaire, ont fait qu'il ne voit plus dans ces pierres météoriques les carreaux de Jupiter, les foudres du ciel, le présage de grands malheurs.

Adrien du Bocage, Naturaliste.

**AÉROMÈTRE** (Physique), instrument qui sert à mesurer la condensation ou la raréfaction de l'air. — Voy. *Baromètre.*

**AÉROMÉTRIE**. Science qui a pour objet les propriétés de l'air, qui en mesure et en calcule les effets.

**AÉRONAUTE**. Celui ou celle qui possède l'art *aéronautique*, c'est-à-dire l'art de naviguer dans les airs.

Le vif attrait attaché aux expéditions des aéronautes montre tout ce que l'humanité attend de l'invention des aérostats et prouve qu'on n'a nullement perdu foi dans la direction des ballons, jusqu'ici restée à l'état de chimère. Dans l'air, en effet, le chemin est partout; en hauteur, en largeur et en profondeur. Jusqu'à ce jour néanmoins on y errait, nous croyons pouvoir prédire qu'avec le système de l'ingénieux M. Pétin, on y marchera désormais. Voir *Système Pétin*, au mot *Aérostat*.

Docteur Heinriech.

**AÉROSTAT** (Physique). — Appareil sphéroïde, rempli d'un fluide plus léger que l'air atmosphérique, au moyen duquel on peut élever et soutenir dans l'atmosphère des corps d'un assez grand volume.

On lui donne aussi vulgairement le nom de *ballon*, parce que dans l'origine, il avait la forme d'une balle; et, bien que depuis on lui ait donné des formes diverses, ce nom lui est resté.

Cependant, le ballon n'est à proprement parler que l'enveloppe du gaz hydrogène ou de l'air dilaté qui, par sa légèreté spécifique, suspend un aérostat. Mais, dans l'usage, on confond ordinairement ces deux choses.

Les principes sur lesquels repose la construction des aérostats est la solidité suffisante de l'enveloppe, réunie à la plus grande capacité et à la plus grande légèreté possibles.

Les premiers ballons, nommés montgolfières, des frères Montgolfier leurs inventeurs, n'étaient autre chose qu'une enveloppe de papier remplie d'air dilaté. Ce fut en 1783, à Annonay, que le premier ballon fut lancé dans l'air. On avait suspendu un fourneau allumé au-dessous de son orifice; l'air de l'intérieur du ballon étant échauffé par la chaleur du fourneau, et étant plus léger, à volume égal, que l'air extérieur, l'appareil s'éleva à la hauteur de 2,000 mètres.

Les ballons actuels sont formés de taffetas ou de mousseline couverte d'un enduit imperméable et coupée en bandes, étroites aux deux bouts et plus larges au milieu. On réunit ces bandes par des coutures qu'on aplatit et qu'on recouvre d'une nouvelle couche d'enduit, afin de boucher exactement toutes les ouvertures.

Un grand filet recouvre la partie supérieure du globe, et vient s'attacher à un cercle de bois, qui en forme comme l'équateur. C'est de là que partent les cordes destinées à soutenir la nacelle dans laquelle se placent les aéronautes.

L'enveloppe d'un ballon de 13 mètres de diamètre ne pèse que 132 kilogrammes et peut enlever 1382 kilog. : sa force ascensionnelle est donc de 1248 kilog.

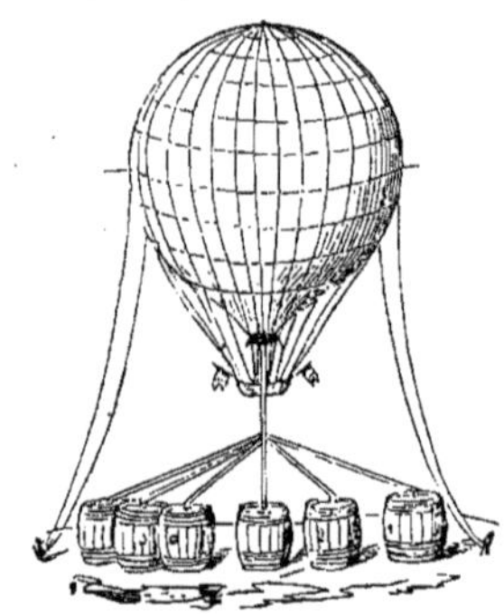

On remplit cette enveloppe de gaz hydrogène, treize fois plus léger que l'air, ce qui produit une force ascensionnelle que l'aéronaute modère au moyen de sacs remplis de sable ou lest. Veut-il s'élever, il en jette une partie; veut-il descendre il ouvre au moyen d'une corde qui pend dans la nacelle, une soupape placée au sommet du ballon; l'hydrogène s'échappe en partie, et l'appareil devient spécifiquement plus léger que l'air. L'aérostat descend d'abord lentement; mais bientôt sa chute s'accélère comme celle de tous les corps lourds. Dès que la vitesse est parvenue à un certain degré, la résistance de l'air suffit pour faire ouvrir le parachute, espèce de grand parapluie (inventé par Blanchard) placé sous la nacelle. La descente se ralentit alors, et l'aérostat finit par atteindre doucement le sol.

La substitution de l'hydrogène à l'air est due au physicien Charles.

Pilâtre du Rozier et le marquis d'Arlande furent les premiers qui osèrent s'élever dans les airs au moyen d'une nacelle attachée au ballon; ils ne tardèrent pas à trouver de nombreux imitateurs. Ces voyages aériens ont généralement réussi, cependant l'on cite plusieurs victimes, parmi lesquelles le célèbre Pilâtre du Rosier.

Entre tous les voyages aérostatiques qui furent entrepris pour des recherches scientifiques, on distingue celui exécuté par MM. Gay-Lussac et Biot: dans une première ascension, ces deux célèbres physiciens, parvenus à une hauteur de 4,000 mètres, firent des expériences sur l'intensité magnétique de la terre, sur l'électricité de l'air et sur la température de ces hautes régions. Dans une seconde ascension, M. Gay-Lussac seul, s'éleva à 7,000 mètres, hauteur la plus grande à laquelle l'homme soit jamais parvenu.

Quelque importante que soit la découverte des aérostats, elle n'a pas encore amené de bien grands résultats pour les sciences et la vie pratique.

Jusqu'ici les savants n'en ont tiré parti que pour des expériences sur la composition de l'air des régions supérieures.

En 1793, Carnot avait établi à Meudon une école destinée à former des aéronautes. Les compagnies d'*aérostiers*, créées en 1794, parurent pour la première fois à la bataille de Fleurus. Un ballon d'où l'on observait les mouvements de l'ennemi, afin d'indiquer les points sur lesquels il fallait porter des renforts, planait au-dessus des armées, il faisait des signaux aux compagnies d'aérostiers, placés dessous, qui les expliquaient et les portaient à l'armée, ce qui décida la victoire en faveur des Français.

Mais les essais tentés réussirent si rarement, attendu qu'il fallait toujours un vent favorable, que l'on renonça à employer les aérostats à cet usage.

Depuis ce temps, les ballons n'ont servi qu'à élever dans l'air des observateurs ou des signaux, le plus souvent ils ont été l'accompagnement obligé des fêtes et des réjouissances publiques.

Dans une fête publique, à Paris, on a lancé plusieurs ballons ayant la figure de chiens et de diverses bêtes sauvages, et l'on a donné ainsi le spectacle d'une chasse aérienne.

Quelquefois, dans les fêtes, on fait détonner en l'air les ballons, en les gonflant avec deux poches d'hydrogène et une d'oxygène. Une bombe d'artifice est disposée de manière à n'éclater qu'au bout d'un certain temps, et à enflammer ce mélange de gaz.

Récemment des aéronautes se sont élevés en l'air sur des chevaux, sur des ânes, sur des taureaux, et même sur des autruches.

Mais tout cela n'est d'aucun intérêt pour les sciences ou pour l'industrie.

Occupons-nous de tentatives plus sérieuses.

Dès la fin du siècle dernier, Ménier ne se proposait rien moins que de faire servir les ballons à des voyages de long cours. Dans un mémoire, très-développé, il examine toutes les causes possibles d'accidents, et les moyens de les prévenir. Monge s'est aussi occupé de la même question, mais on n'a donné aucune suite à tous ces projets.

Depuis quelques années, beaucoup de tentatives ont été faites pour arriver à résoudre le plus important des problèmes de l'aéronautique : la direction des ballons. Les uns ont essayé un appareil de rames et de voiles diversement combinés, d'autres ont proposé d'atteler aux aérostats, quelques-uns des grands oiseaux qu'on aurait dressés à cet effet; jusqu'à présent aucun projet n'a réussi, et peut-être ne faut-il espérer de succès, que lorsqu'on possédera une bonne théorie des vents, et que la direction des grands courants atmosphériques aura été connue.

J.-B. Prodhomme, professeur.

Système Pétin.—Le monde entier a entendu parler de l'admirable système de locomotion aérienne créé par M. Petin, à Paris. Cette découverte vient en son temps. La boussole, l'imprimerie, la poudre à canon, les télescopes, la vapeur, l'électricité, la phothographie, la galvanoplastie, le chloroforme, tous ces grands moyens mis au service de l'homme devaient avoir pour complément logique la conquête de l'atmosphère. Il était réservé à M. Pétin de mettre les rames et le gouvernail au vaisseau trouvé par Montgolfier, et de réduire en corps de science un problème de la plus haute importance et de la plus grande difficulté. En effet, une science, dit Bescherelle, est une connaissance claire, certaine de quelque chose, fondée sur des principes évidents par eux-mêmes ou sur des démonstrations. Si tous les faits, toutes les idées qui se rapportent à un objet quelconque peuvent être ramenés à une loi unique, expliqués par un principe fixe, n'est-il pas évident que les connaissances concernant cet objet forment une science? — Cette science dont les éléments pourront être innombrables et avoir été successivement reconnus, caractérisés et classés, ne sera-t-elle pas constituée dès que la formule de leur loi générale aura été donnée?

Des générations entières pourront travailler, en amassant des matériaux, à préparer une science ; un seul homme l'achève et la constitue, puisqu'une loi générale ne se découvre et ne se constitue qu'une fois; cela n'empêche pas assurément cette science de s'enrichir de tous les faits appartenant à son domaine, qui peuvent être ultérieurement observés et découverts.

Seul entre tous les inventeurs, M. Pétin a connu et déterminé un système complet de locomotion aérienne; seul, il possède un principe générateur dont il fait l'application lumineuse à tous les phénomènes de la locomotion, dans tous les milieux; seul, il a pris la nature telle qu'elle est pour modèle, sans vouloir la mutiler; seul, il l'a scrutée plus profondément qu'on ne l'avait fait encore pour la placer à une grande hauteur; — seul, enfin, il déduit des lois immuables de la création un mécanisme souple et élastique qui offre une synthèse des plus larges.

En effet, M. Pétin n'a pas inventé son système, il l'a créé; — il a fait tout simplement l'application des lois naturelles de la locomotion des corps inertes et des corps animés à la locomotion aérienne, par l'emploi de moyens mécaniques ou physiques quelconques, de manière à obtenir deux locomotions alternatives et en sens inverse, dont l'une a lieu en s'appuyant sur les couches supérieures de l'air, en s'élevant; l'autre sur les couches inférieures, en s'abaissant, en vertu des lois de la pesanteur. Une force d'activité dans les êtres animés règle à son gré l'emploi ou la répartition de la pesanteur sur les différentes parties de l'appareil, et cela dans un plan vertical sur des plans inclinés. Tel est le titre de son système, tel en est aussi le résumé; et ce qui l'élève à la hauteur d'une science, c'est que tous les faits qui se rapportent à la locomotion, dans tous les milieux, ont été ramenés à une loi unique, et expliqués par un principe fixe. — Voici comment M. Pétin la formule, il dit : Les lois de Dieu sont universelles; les découvertes de ces lois constituent la science : tout ce qui se meut sur la terre, dans les eaux, dans les airs, depuis la fourmi jusqu'à l'éléphant, depuis le plus petit poisson jusqu'à l'énorme baleine, depuis le moucheron jusqu'à l'aigle, tout se meut en vertu de la même loi, des mêmes principes, seulement avec des instruments différents, appropriés au milieu, à la fonction. — En un mot, il a constaté que tous les corps, animés ou inanimés, ne se meuvent jamais à moins de la combinaison de l'action de la pesanteur avec la résistance du milieu ambiant; la volonté intervient dans la locomotion des êtres animés de manière à placer les corps inertes en eux-mêmes, de telle façon que la pesanteur les fasse agir ou que la résistance du milieu les arrête. Dans tous les cas, un point d'appui est nécessaire pour déterminer la direction des mouvements. — Telle est la loi qui a servi de point de départ à M. Pétin.

Il y a dans la nature deux machines simples, le levier et le plan incliné : le levier, qui, au moyen d'un point d'appui, transmet à l'une de ses extrémités le mouvement ou l'effort qui s'est opéré à l'autre; le plan incliné, qui transmet également le mouvement. Tout le système de M. Pétin peut se résumer en ces quelques mots : le levier, le point d'appui, le plan incliné, la pesanteur et l'intelligence.

Si, comme l'a dit l'un de nos plus grands hommes, la vérité est la liaison des idées, nous pouvons dire : la science de la locomotion aérienne est fondée, car dans le système de M. Pétin, tout se lie, tout s'enchaîne et se déduit d'une loi générale; tout se démontre, soit par le raisonnement, soit par des faits évidents par eux-mêmes.

Docteur HEINRIECH.

Voici la planche représentant la machine inventée par M. Pétin. On peut voir par l'importance de ce dessin, que les éditeurs de ce dictionnaire ne reculent devant aucun sacrifice.

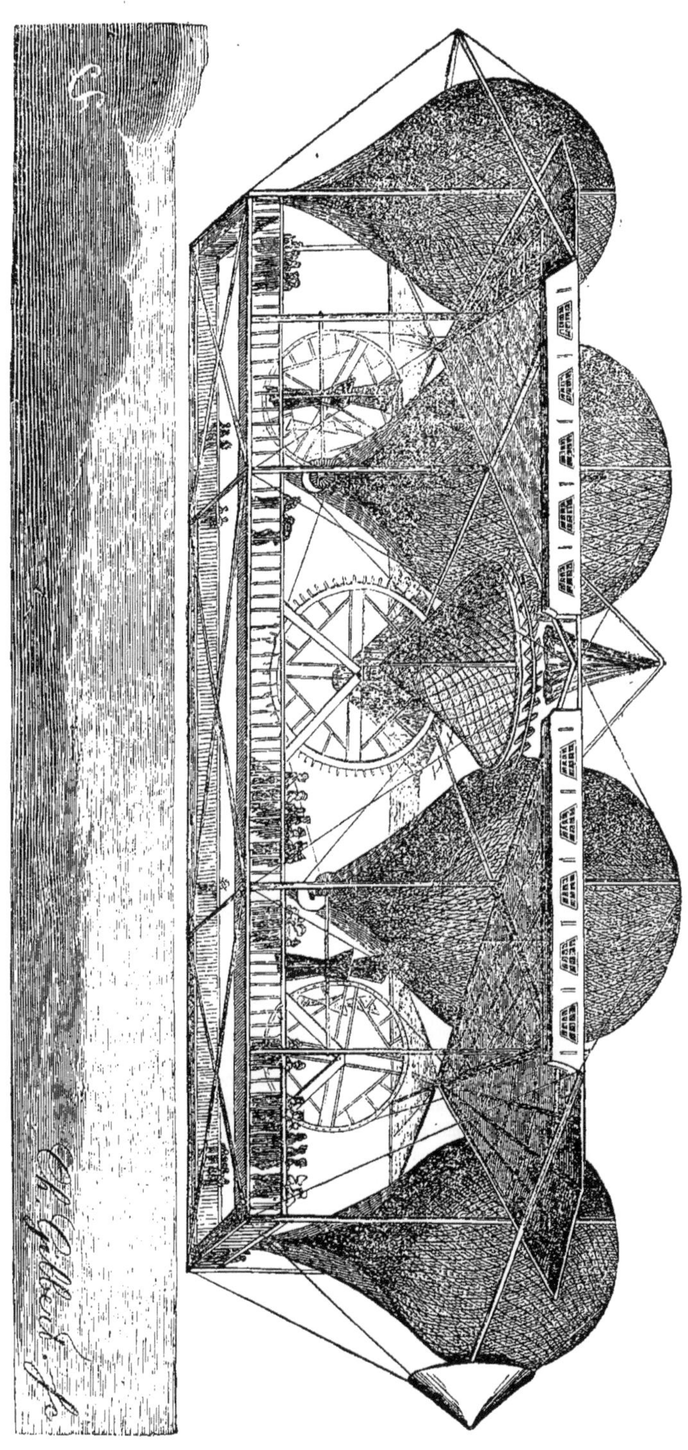

**AFFABILITÉ** (Philosophie, morale). Caractère de douceur naturelle qui fait que l'on écoute avec bienveillance les personnes qui s'adressent à nous ou celles qui nous sont inférieures. — L'affabilité qui naît de l'amour de l'humanité, du désir de plaire ou de s'attirer l'estime publique, est une vertu précieuse chez tout homme haut placé, par la raison qu'elle lui ouvre les portes de la vérité, en donnant de l'assurance à ceux qui se présentent devant lui. Mme ROSAY,

Maîtresse de pension.

**AFFINITÉ** (Chimie). Force en vertu de laquelle des molécules de différentes natures se combinent ou tendent à se combiner. Quelques auteurs admettent l'*affinité d'agrégation*, qui s'exerce entre des molécules homogènes et répond à la *cohésion*, et l'*affinité de composition*, simplement désignée aujourd'hui par le mot d'affinité.

Docteur HEINRIECH.

**AFRIQUE** (Historique de l'). Le voile qui couvre l'intérieur de cette partie de l'ancien continent n'est point encore soulevé, et la plupart des voyageurs qui ont essayé d'y pénétrer, par différentes voies, ont péri victimes de leur zèle. Nous allons donc jeter un coup d'œil rapide sur l'histoire de l'Afrique, comme sur ses mœurs, son commerce, son industrie et ses productions.

Sous les Romains, qui savaient utiliser, au profit de la mère patrie, la moindre de leurs conquêtes, ce pays, désigné sous le titre de *grenier d'abondance*, produisait assez de céréales, de fruits secs, de miel, etc., pour alimenter la métropole; sous les Français, peuple éminemment commercial et industriel, il nous coûte, toutes les années, une quantité de millions.

Les fertiles plaines du Sahel, de la Mititja, du Sich; les belles forêts de Mostaganem, de Bône; les riches mines de la Mouzaïa; le productif territoire de Blidah; les ravissantes vallées des environs de Bône, restent sans rapport, ou peu s'en faut, par l'ineptie des gouvernements français, par le poids du sabre des gouvernements africains, qui pèse dans la balance au point d'enrayer, à la fois, agriculture, commerce, arts, industrie.

Les anciens ne connaissaient guère de l'Afrique que l'Égypte, la Libye, la Mauritanie et la Numidie, mais si imparfaitement encore, que Baltus ne parvint à accomplir la prédiction de l'oracle, celle d'aller fonder une ville en Libye, qu'après une enquête relative à la position topographique de cette province.

Les Romains, depuis Jules César, ont constamment tenté d'explorer cette partie du globe, mais des difficultés insurmontables, nées autant de l'état de son sol que de la sauvagerie de ses habitants, ont rendu ces explorations si peu fructueuses, qu'ils connaissaient à peine la contrée nord jusqu'au désert, et plus imparfaitement encore cette partie de l'Éthiopie visitée par Septimius Flaccus et Julius Méternus. Il était réservé aux Portugais d'explorer les premiers les côtes occidentales de l'Afrique.

Ce fut au commencement du XVe siècle, en l'année 1419, que l'infant Henri, surnommé le Navigateur, ouvrit à l'Europe, si arriérée alors dans la science maritime, la route de ces côtes occidentales par la prise de Ceuta.

Bientôt après, a lieu la découverte des Açores, le cap Boiador est doublé; Benin, le Congo, Angola, Benguéla, découverts; et Albuquerque, Acunha, Alméida enrichissent la géographie du fruit de leurs immenses travaux; les connaissances topographiques s'étendent jusqu'au cap Guardafui, et dès le milieu du XVIe siècle, la côte occidentale d'Afrique n'est plus un mystère pour la navigation européenne : elle y établit des comptoirs sur toute son étendue, pendant que d'intrépides voyageurs, appartenant à toutes les nations, tels que Thompson, Imbert, de Brué, etc., Wilford, Douville, et leurs continuateurs, bravant fatigues et dangers, ajoutant chaque jour une nouvelle page à celles, si restreintes encore, nous initient dans son intérieur.

La langue la plus usitée est l'arabe dans ses différents dialectes.

L'Afrique est la partie du monde qui présente le plus de monuments d'une régularité parfaite, remontant à l'ancienneté la plus reculée, offrant de graves sujets de méditation et d'étude; c'est aussi celle qui possède le moins de régularité dans ses gouvernements, privés généralement de pacte social. Plus que celles d'aucune autre partie du globe ses productions, en tout genre, sont variées et offrent des espèces singulières; elles y sont aussi très-abondantes; l'espèce humaine y présente surtout une multiplicité de types entièrement opposés dans la couleur, la taille, la conformation, la physionomie.

Les lions, les léopards, les hyènes, les chacals, les buffles, les sangliers, les éléphants, les rhinocéros, les hippopotames, les crocodiles, les serpents les plus énormes, les singes, les vautours, les aigles et tous les animaux les plus destructeurs et les plus redoutables sont très-communs en Afrique; toutes ces espèces diffèrent de celles des autres parties du globe; c'est à tort qu'on les a si souvent confondues et qu'on les confond encore quelquefois.

L'Afrique nourrit aussi des animaux qui n'ont point d'analogues dans les autres contrées, tels que la girafe, le zèbre, le gnou, etc.

Certains animaux y sont en si grande quantité, que dans la Cafrerie les antilopes vont par troupeaux et par milliers, au point de ne pouvoir, faute d'espace pour se sauver, échapper au chasseur qui les poursuit.

Les animaux utiles n'y sont pas moins abondants, ni dans d'autres conditions; le cheval, l'âne, le chameau, le bœuf, le mouton, etc., y rendent d'immenses services. Parmi les oiseaux, le perroquet gris de la côte de Guinée est le plus intelligent du globe; les aigrettes et les autruches fournissent leurs plumes au commerce; les abeilles produisent leur miel dans les forêts avec plus d'abondance que celles que nous soignons dans nos ruches.

Les richesses métalliques sont communes aussi dans cette contrée; l'or, le cuivre, le fer, etc., que les naturels savent fondre et travailler, s'y trouvent non-seulement en quantité suffisante pour les besoins des naturels du pays, mais encore pour alimenter un commerce suivi.

En résumé, l'Afrique, mieux que toute autre partie du monde, présente un contraste presque brusque dans la nature de son sol, pareil à celui que les villes offrent quelquefois d'une chaumière tombant de vétusté à côté d'un palais somptueux !

F.-X.-J. Conte.

**AFRIQUE.** (Description géographique.) — *Bornes.* L'Afrique forme une grande presqu'île, qui tient à l'Asie par l'isthme de Suez. Elle est bornée au nord par la Méditerranée; à l'est par l'isthme de Suez, par la mer Rouge et la mer des Indes; au sud par le Grand-Océan; à l'ouest par l'Océan atlantique.

*Population.* La population de l'Afrique est de 90 millions d'habitants.

*Religion.* La religion dominante est le Mahométisme.

*Gouvernement.* Les gouvernements sont entièrement despotiques; selon leur caprice les souverains disposent de la vie et des biens de leurs sujets.

*Montagnes.* Les principales montagnes de l'Afrique sont : le mont Atlas, qui s'étend depuis l'Océan atlantique, auquel il donne son nom, jusqu'au désert de Barca; dans l'intérieur, les monts de la Lune et de Kong; au sud les monts Lupata et de Cuivre.

*Caps.* Ses principaux caps sont : au nord, le cap Bonn, vis-à-vis de la Sicile; à l'ouest, le cap Blanc, le cap Vert, le cap Bojador, le cap Lopez et le cap des Palmes; au sud, le cap de Bonne-Espérance et le cap des Aiguilles; à l'est, le cap Guardafui et le cap des Courants.

*Iles.* Les principales îles de l'Afrique sont :

1° Dans l'Océan atlantique : les Açores, l'île de Madère, les îles Canaries, les îles du cap Vert, l'île Saint-Louis, l'île de Gorée, Fernando-Po, l'île Saint-Thomas, l'île Sainte-Hélène et l'île de l'Ascension;

2° Dans l'Océan indien : l'île Rodriguez, l'île de France ou de Maurice, l'île Bourbon, l'île de Madagascar, l'île de Zanzibar, les Seychelles partagées en deux groupes, savoir : les Amirantes et les Mahé.

*Fleuves.* Les principaux fleuves de l'Afrique sont : le Nil, qui traverse l'Abyssinie, la Nubie et l'Egypte, et se jette dans la Méditerranée; le Niger, qui traverse le Soudan, et se perd dans le golfe de Guinée; le Sénégal, la Gambie, le Zaïre, qui se jette dans l'Océan atlantique, et le Zambèse ou Cuama, qui traverse le Monomotapa et se perd dans le canal de Mozambique.

*Division.* L'Afrique se divise en dix-sept contrées, savoir : deux sur la côte de la Méditerranée, ce sont : 1° l'Egypte, qui fut sous les Pharaons une puissante monarchie; villes principales le Caire, Alexandrie, Rosette, Damiette, etc.; 2° la Barbarie, villes principales Alger, Tripoli, Tunis, Maroc. (La régence d'Alger, depuis 1830 sous la domination de la France, se divise en trois gouvernements : Alger, Oran et Bone.)

Cinq sur la côte de l'Océan atlantique, savoir : le Sahara ou Grand-Désert, la Sénégambie, villes principales Saint-Louis, Bathurst et Saint-James la Guinée, villes principales {Coumassie, Abomey et Benin; le Congo, villes principales San-Salvador, Saint-Paul de Loanda et Saint-Philippe de Benguéla; le pays des Hottentots.

Une sur la côte du Grand-Océan, c'est le gouvernement du Cap, capitale la ville du Cap.

Cinq sur la côte de l'Océan indien, ce sont : la Cafrerie propre; le Monomotapa, villes principales Sofala et Zimbaoé; la côte de Mozambique, capitale Mozambique; la côte de Zanguebar, villes principales Quiloa, Mombaza, Mélinde, Brava et Magadoxo; la côte d'Ajan.

Deux sur la côte de la mer Rouge, savoir : l'Abyssinie, capitale Gondar, et la Nubie, capitale Sennaar.

Deux au milieu, qui sont : la Nigritie ou Soudan, très-peu connue, villes principales Cobbé, Bournou, Ségo et Tombouctou; une vaste contrée inconnue entre la Guinée et le Zanguebar.

F.-X.-J. Conte.

**AGE** (Physiologie). Période de la vie de l'homme depuis sa naissance jusqu'à sa mort. On distingue quatre âges dont voici le tableau :

| | |
|---|---|
| 1° L'Enfance (1), *infantia.* | de 1 an à 14. |
| 2° L'Adolescence, *adolescentia.* | de 14 ans à 20 chez l'homme, de 11 ans à 18 chez la femme. |
| 3° L'Age adulte, *virilitas.* | de 20 ans à 60. |
| 4° La Vieillesse, *senectus.* | de 60 ans à la mort. |

L'imitation est l'apanage de l'enfance; l'adolescence donne naissance à la comparaison des idées, à l'imagination; la réflexion, le jugement et les productions importantes de l'esprit caractérisent la virilité; la santé et la gaîté sont, dans la vieillesse, la juste récompense d'une sage conduite et de l'ascendant que les hommes ont su prendre sur leurs passions. — Voy. *Adolescence, virilité, vieillesse, décrépitude, vie et mort.*

Docteur Heinriech.

Age du monde (Chronologie). Tous les chronologistes varient entre eux relativement à l'âge du monde. La plupart se fondant sur le calcul de l'âge des patriarches, des juges, des rois, etc., qui ont gouverné Israël, et de toutes les dates fournies par la Bible, ont divisé en sept âges la durée du monde depuis la création jusqu'à nos jours.

(1) On subdivise l'*enfance* en première enfance, qui se termine à 7 ans, et en seconde enfance qui finit vers 14 ans pour les garçons, et vers 11 ou 12 ans pour les filles.

1er âge : de la création au déluge (espace de 2256 ans);

2e âge : du déluge à la vocation d'Abraham (1257 ans);

3e âge : de la vocation à la sortie d'Egypte (430 ans);

4e âge : se termine à la fondation du Temple de Salomon (876 ans);

5e âge : jusqu'à la destruction de la monarchie juive par Nabuchodonosor (470 ans);

6e âge : se termine à la naissance de Jésus-Christ (586 ans);

7e âge : depuis la naissance du Christ jusqu'à nos jours.

Plus de deux cents chronologistes assignent un âge différent au monde :

| | | |
|---|---|---|
| Les Indiens lui donnent | 15,002,146 | ans. |
| Les Egyptiens | 2,014,818 | » |
| Buffon | 38,907 | » |
| Alphonse X (roi de Castille) | 8,822 | » |
| Saint-Augustin | 7,189 | » |
| Bède (le Vénérable) | 7,037 | » |
| Képler | 5,822 | » |
| Newton | 5,338 | » |

L'on est à peu près d'accord aujourd'hui que le monde a près de 6,000 ans.

Caseaux, de Brunoy.

Ages [Les quatre] (Mythologie). Périodes d'années dans lesquels sont classés les événements. Les poëtes anciens reconnaissaient quatre âges :

1° *L'âge d'or*, ou premières années du genre humain, était le règne de l'innocence et de la justice. Les hommes étaient sages et heureux. Alors la terre produisait sans culture et des fleuves de lait et de miel coulaient de toutes parts;

2° *L'âge d'argent*, où les hommes commencèrent à devenir injustes et où ils durent apprendre à cultiver la terre qui ne produisait plus d'elle-même;

3° *L'âge d'airain*, pendant lequel la corruption augmenta et qui vit les premiers crimes et les premiers combats;

4° *L'âge de fer*, où le libertinage et l'injustice furent portés au plus haut point.

Caseaux, de Brunoy.

Ages (Histoire). Les historiens reconnaissent quatre âges, savoir :

1° *L'âge ancien*, commençant à la création et se terminant à l'an 476 de Jesus-Christ;

2° Le *moyen âge*, qui commence à la chute de l'empire d'Occident (476) et se termine à la prise de Constantinople par les Turcs (1453);

3° *L'âge moderne*, de 1453 à 1789 ;

4° *L'âge récent*, depuis la révolution de 89 jusqu'à nos jours. CASEAUX, de Brunoy.

**AGONISTIQUE** (Gymnastique). C'était chez les anciens *la science des exercices relatifs aux combats.* On sait que dans les républiques grecques et romaines, cette partie de l'éducation était très-importante, puisqu'elle procurait à la jeunesse, non-seulement le courage nécessaire à des républicains, mais encore la force et la vigueur sans lesquelles le courage lui-même est insuffisant. — voy. *Gymnastique*.

Docteur HEINRIECH.

**AGRAIRES** (Lois). Lois romaines par lesquelles une nouvelle distribution des terres était réglée parmi les citoyens.

Instituer et promulguer de telles lois, dit un publiciste, c'était méconnaître et fouler aux pieds la propriété, base de toute société ; c'était prouver qu'on ignorait le respect dû aux avances, qui seules établissent la propriété foncière, et prononcer enfin une absurdité aussi étrange et aussi monstrueuse que le serait la proposition de réduire tous les hommes à une taille égale. Aussi la proposition de cette loi fut-elle toujours suivie de troubles et de séditions sanglantes entre les plébéiens et les patriciens, et causa-t-elle la mort des Gracques.

J. TESSON DE LA ROCHELLE.

**AGRÉGATION** (Physique et chimie). Mode de formation des corps inorganiques résultant de la simple réunion de leurs molécules par superposition. Nous avons vu au mot *accroissement* qu'on désigne par *intussusception* le mode de formation des corps organiques. B. LUNEL.

AGRÉGATION (Instruction publique). Concours public qui a lieu chaque année pour les candidats au professorat dans l'Université.

Le titre d'agrégé donne droit à être nommé professeur titulaire dans un lycée. En cas de non-emploi, les agrégés reçoivent une indemnité annuelle de 600 fr.

Il y a six ordres d'agrégation des lettres et des sciences, savoir : pour la philosophie, les sciences mathématiques, les sciences physiques et naturelles, les classes d'histoire et de géographie, les classes supérieures des lettres, les classes de grammaire.

Les candidats doivent se faire inscrire avant le 20 juin au secrétariat de l'Académie dans laquelle ils résident, en produisant les pièces justificatives des conditions exigées ci-après.

Sont admis à concourir pour tous les ordres d'agrégation : les élèves de l'école normale supérieure qui ont terminé leur cours d'étude ; les principaux et régents des colléges ; les maîtres d'étude des lycées et des colléges, après deux ans d'exercice ; les chargés de cours dans un lycée, après deux ans d'exercice ; les chefs d'établissements d'instruction secondaire libre, après deux ans d'exercice ; les répétiteurs dans les établissements d'instruction secondaire libre, brevetés par les recteurs, après trois ans d'exercice dûment justifiés. Sont admis en outre à concourir spécialement : 1° pour les agrégations des sciences, les élèves de l'école polytechnique jugés admissibles dans les services publics ; 2° pour l'agrégation d'histoire, les élèves de l'école des chartes qui ont achevé leur temps d'études dans ladite école et obtenu, après les examens de sortie, le brevet d'archiviste paléographe.

Dans tous les cas, les aspirants à l'agrégation doivent avoir obtenu : pour la philosophie, le diplôme de licencié ès lettres et celui de bachelier ès sciences physiques, en n'y comprenant pas l'histoire naturelle ; — pour les sciences mathématiques, les diplômes de licencié ès sciences mathématiques et de licencié ès sciences physiques ; — pour les sciences physiques et naturelles, les diplômes de licencié ès sciences mathématiques et de licencié ès sciences physiques, et celui de licencié ès sciences naturelles ou au moins le diplôme de bachelier ès sciences physiques, comprenant l'histoire naturelle ; — pour les classes d'histoire, le diplôme de licencié ès lettres ; — pour les classes supérieures des lettres, le diplôme de licencié ès lettres ; — pour les classes de grammaire, le diplôme de bachelier ès lettres.

Dans chaque concours, le jury d'examen dresse, d'après le résultat des compositions écrites, la liste des candidats, qui sont seuls admis à prendre part aux épreuves orales. B. LUNEL.

**AGRICULTURE**. Art de cultiver la terre. Cette définition, basée sur l'étymologie du mot, doit aujourd'hui recevoir plus d'extension, puisque la multiplication et la conservation des bestiaux, et en général tous les objets utiles aux habitants des campagnes, sont du domaine de l'agriculture.

D'où vient donc que l'agriculture, qui donne à l'homme le moyen de se nourrir, de se vêtir, de se loger, d'alimenter son industrie et son commerce, soit un art si négligé ? Ah ! n'en doutons pas, du *défaut de protection et d'honneur accordé par les gouvernements* au cultivateur. Que les nations anciennes appréciaient mieux le mérite de ceux qui les nourrissaient! Elles savaient que l'agriculture était le plus ferme appui de l'État, et de grandes récompenses venaient toujours couronner le mérite des patients et laborieux cultivateurs. Voyez en Grèce, Cérès présider aux moissons, Pomone veiller sur les vergers, Flore obtenir l'empire des fleurs. Ce sont des fictions sans doute, mais ne trouvons-nous pas là un témoignage puissant de l'intérêt qu'inspirait l'agriculture? Athènes et Rome ne durent-elles pas leur prospérité à l'art du laboureur? Oh! alors, les citoyens de l'Attique se disputaient à l'envi la gloire de contribuer aux progrès de l'agriculture, et d'enrichir leur patrie de nouveaux fruits qui, sans eux, seraient peut-être restés inconnus. Aristée, le premier, cultive l'olivier, ce noble symbole de la gloire et des triomphes, et trouve le moyen d'extraire l'huile de son fruit. C'est encore aux Athéniens que nous devons les figuiers dont ils se ceignaient le front dans les fêtes publiques; ils firent venir des cognassiers de l'île de Crète, des châtaigniers de Sardes, des pêchers et des noyers de Perse, des citronniers de la Médie; mais lorsqu'ils négligèrent l'art précieux de l'agriculture pour s'attacher aux subtilités de l'esprit et aux arts d'agrément, leur décadence commença et entraîna bientôt la ruine de la Grèce, qui passa aux Romains. Ceux-ci protégèrent singulièrement l'agriculture, et la décadence de Rome date aussi de l'époque où les Romains, avides de plaisirs et d'honneurs, se retirèrent à la ville, laissant à des esclaves le soin de cultiver les terres. Peu aimée des Gaulois, qui ne respiraient que la guerre, l'agriculture fut languissante sous la première race de nos rois. Elle fit quelques progrès sous Charlemagne, ensuite entre les mains des esclaves, mais fut régénérée en quelque sorte par François Ier, Henri III, Charles IX, Henri IV et ses successeurs.

Pourrais-je passer sous silence ce vaste empire qui donne à son histoire une antiquité merveilleuse? Si les Chinois méritent à peine notre attention dans tous les grands mouvements qui emportent si loin le monde moderne, on peut dire que leur richesse et la prospérité de leur empire sont dues à l'agriculture. C'est que nulle part cet art n'est plus encouragé. Si quelque laboureur se distingue et s'élève au-dessus des autres par son application et son intelligence, il est appelé à la cour pour éclairer l'empereur; il est revêtu de la dignité de Mandarin, et l'État le fait voyager dans toutes les provinces pour former les habitants à sa nouvelle méthode. Ainsi donc, si cet empire mérite à peine notre attention sous le rapport politique, il mérite bien notre admiration sous le rapport du sujet qui nous occupe. Le chef suprême du céleste empire n'est plus, comme dans les fables de la Grèce, un dieu qui garde les troupeaux d'un roi; c'est un père qui, la main appesantie sur le manchon de la charrue, montre à ses enfants les véritables trésors de l'État. Eh! n'avons-nous pas vu de nos jours le célèbre Mian-ning, surnommé Tao-Kouang (splendeur de la raison), déclarer la guerre aux Anglais qui, malgré sa défense, avaient importé de l'opium dans ses États? c'était la première fois qu'une guerre avait lieu entre la Chine et une puissance européenne; et bien qu'elle se soit terminée par un traité de paix qui assure de grands avantages à l'Angleterre, elle n'en est pas moins un acte important qui prouve la protection accordée à l'agriculture dans ce pays, et qui fera, quoi qu'en disent les habitants de l'Albion, respecter l'empire chinois.

On ne peut nier les progrès de l'agriculture en France, depuis le milieu du siècle dernier, et surtout depuis le commencement de celui-ci. Quelques lois sont venues lui prêter leur concours; les moyens de multiplication et de conservation des bestiaux ont été mieux connus. Beaucoup de défrichements ont eu lieu. On a établi partout des sociétés d'agriculture, des écoles vétérinaires, des jardins de botanique. Par les soins de MM. Duhamel frères, une foule d'arbres exotiques ont été naturalisés en France. Des bois ont été plantés, la vigne mieux cultivée, le sol mieux arrosé, quelques préjugés abandonnés.

Quels sont donc les obstacles qui ont empêché notre agriculture d'arriver au degré de perfectionnement où elle est en Belgique, en Angleterre et aux États-Unis? 1° *Le défaut d'instruction chez le cultivateur.* Rarement vous verrez un livre à la main du fermier; ce qu'il sait, il le tient de son père ou de ses voisins dont il suit la routine, et se montre inaccessible à toute innovation; 2° *le manque de protection et d'honneurs accordé à l'agriculture.* En effet, que sert au vigneron d'avoir, par des dépenses considérables et par des soins assidus, obtenu une récolte double de celle de son voisin, s'il ne trouve pas de débouchés pour ses produits? Quel parti nos éleveurs peuvent-ils tirer de leurs bestiaux, si, moyennant une taxe légère, ceux des pays voisins sont admis dans nos foires et marchés? Cependant, *point d'agriculture si l'intérêt, qui en est le premier mobile, n'y trouve son compte.* Point d'agriculture non plus si le fils du bourgeois croit déroger à sa naissance en se livrant à ses travaux. Depuis cinquante ans, une pluie de décorations est tombée sur toutes les branches de l'administration; mais pour l'agriculture, on n'a rien fait, ou presque rien. Ce n'est pas que l'on manque de personnes qui vantent les douceurs de la vie champêtre, qui vont partout répétant que rien n'est plus honorable que cette existence; mais s'y livrer elles-mêmes ou y livrer leurs enfants, elles s'en gardent bien. Et s'il est vrai, *que pâturage et labourage soient les deux mamelles de l'État*, l'État lui-même, dit un critique, est une vache à lait que chacun veut traire d'une manière moins pénible et surtout moins obscure.

Ajoutons aux obstacles que nous venons d'énumérer la *pauvreté du cultivateur* qui peut à peine, par un travail pénible, subsister lui et sa famille; la *vaine pâture* dont la suppression est un des plus pressants besoins; l'*absence d'un bon code rural; la brièveté des baux*, et enfin la *routine* qui ne cède qu'au temps et à la raison.

*Je fais comme faisaient nos pères*, dit le routinier; sans doute, votre grand principe est encore la *jachère* ou le repos de la terre. Vous ne comprenez pas l'avantage de la prairie artificielle. Voyez pourtant la Belgique, elle doit sa richesse agricole à la suppression de la jachère. C'est ce que j'entendais dire en 1839, dans une séance publique de l'Académie de Bruxelles. Par cette expression, « *le* » *champ est en jachère*, les Français, disait l'orateur » belge, cherchent à désigner le prétendu repos » qu'ils supposent si gratuitement nécessaire pour » réparer ce qu'ils appellent très-improprement » *l'épuisement des forces de la terre;* mais ils ne dé- » signent réellement par là que l'état d'improduc- » tion résultant du non ensemencement dans le- » quel ils la laissent très longtemps, sous différents » prétextes : de l'engrais à la terre, de la variété » dans les semences, et point de repos. »

Que reste-il donc à faire pour changer un tel état de choses? Une éducation agricole qui commence presque avec la vie. C'est l'instituteur primaire qui doit, avec l'aide des premiers agriculteurs du pays, prendre soin désormais de cette éducation. *La connaissance des faits agricoles, les principaux phénomènes physiques, les effets de la pesanteur, de la lumière; la végétation, la transformation des substances*, causes de tant d'accidents : voilà ce qui devrait être expliqué clairement. Nous savons bien l'espèce d'épouvante qui s'attache aux grands mots de *physique*, de *chimie*, de *physiologie;* mais on peut enseigner tout cela et beaucoup plus sans employer les termes dont les savants ont hérissé toutes les parties de la science.

Tel est le programme d'agriculture que nous avons soumis à l'appréciation de l'Académie de l'Enseignement, et qui a été adopté en septembre 1850.

*Notions générales sur l'art de cultiver le sol, contenant :*

| | |
|---|---|
| 1o Anatomie et physiologie végétales. | Des organes des plantes, de la racine, de la tige, des feuilles, des fleurs, du fruit. |
| 2o Reproduction. | Graine, marcotte, bouture, multiplication des plantes par la greffe. |
| 3o Du sol en général. | Parties minérales du sol, silice, argile, carbonate, humus; influence des climats, de la culture du sol, sur la richesse d'un pays. |
| 4o Des amendements. | Marne, argile, sables considérés comme amendements. |
| 5o Des stimulants. | Cendres, plâtre. |
| 6o Des engrais. | Fumiers, litières, engrais liquides. |

Ne serait-il pas possible d'ailleurs, si l'on trouvait ces connaissances trop élémentaires, que l'État instituât des écoles d'agriculture où les élèves entreraient gratuitement à leur sortie de l'école primaire? La Suisse nous a donné l'exemple que ces écoles peuvent être entretenues facilement par le travail de chaque enfant; pourquoi ne pas imiter les institutions étrangères, qui ont su faire mieux que nous; alors on ne verrait plus les enfants de famille, rougissant à la seule idée de tenir les manchons de la charrue, abandonner leurs campagnes pour venir encombrer les villes, où ils veulent, à quelque prix que ce soit, se faire une occupation qui les relève aux yeux de leurs parents; ils retourneraient avec plaisir aux travaux des champs, parce qu'ils y trouveraient des camarades instruits, capables de les comprendre, et qui n'auraient pas cette terrible maxime dans la bouche : *Nous faisons comme nos pères faisaient.* Ils chercheraient, au contraire, à imiter l'exemple des grands capitalistes, et, persuadés de l'utilité des fermes expérimentales, des comices agricoles, ils accepteraient avec empressement toutes les heureuses innovations confirmées par l'expérience. (Voy. *Sol, Travaux aratoires, Instruments aratoires, Ensemencement, Transplantation, Multiplication des végétaux, Culture, Moyens d'abri, Récolte, Éducation des animaux domestiques.*) B. Lunel.

**AGRONOMIE** (Agriculture). Théorie de l'agriculture comprenant la *physique agricole*, la *culture des champs*, l'*hippiatrique* ou *art vétérinaire*, l'*architecture rurale*.— Voy. chacun de ces mots.

B. Lunel.

**AIR ATMOSPHÉRIQUE** (Physique, Chimie). L'air est ce mélange gazeux qui forme l'atmosphère dans laquelle nous vivons. C'est un fluide pondérable, incolore, insipide, inodore, mauvais conducteur du calorique et de l'électricité, compressible, élastique, transparent, invisible, à moins qu'il ne soit en masses immenses, car il fait alors éprouver à l'œil la sensation de cette belle couleur bleue qui attire nos regards vers le ciel.

Les usages de l'air sont sans nombre. Il est l'élément indispensable de la *respiration*. Tous les êtres organisés respirent ; pour tous, depuis le plus simple des végétaux, depuis ces animaux-plantes qui n'ont d'autres organes que quelques pores ouverts à l'aspiration et à l'absorption, jusqu'au poisson dont les branchies, par un mécanisme admirable, tamisent l'eau pour en extraire le fluide vivifiant ; jusqu'au vertébré qui possède pour la respiration les organes les plus complets, renfermés dans une cage osseuse résistante : pour tous, l'air est la condition indispensable à la vie.

L'air fournit à toutes les *combustions* ordinaires l'élément actif comburant.

C'est encore l'air essentiellement élastique et mobile qui nous transmet les vibrations des corps dès qu'elles sont assez rapides pour former des *sons*. Les ondes sonores roulent librement dans l'espace comme les flots d'un bassin immense, frappent directement notre oreille, ou bien se réfléchissent sur les corps résistants, pour venir en vagues harmonieuses nous apporter la voix lointaine de l'*écho*.

C'est donc à l'air que nous devons tous les bonheurs de la parole, du chant, de la musique.

Ces effluves embaumées, cet encens de la terre que les fleurs exhalent, c'est encore l'air qui nous les apporte ; nous les respirons avec lui.

Mais, dans la nature, les choses les meilleures, les plus utiles ont aussi leurs effets terribles ou funestes : ces vents furieux qui ravagent nos plaines, qui bouleversent la profondeur des mers, c'est l'air entraîné dans une course furieuse par un courant rapide... et trop souvent, au lieu du parfum des fleurs, parfois avec eux, l'air nous apporte la contagion et la mort !

Regardé par les anciens comme un des quatre éléments simples, l'air fut analysé par le père de la chimie, l'immortel Lavoisier, en 1782. Les analyses les plus exactes n'ont pu faire découvrir dans l'air vital pur que deux corps simples gazeux, incolores et diaphanes comme lui : l'*oxygène* et l'*azote*, dans les proportions approximatives de 1/5 du premier et 4/5 du second, quelques dix millièmes d'acide carbonique, et une proportion variable de vapeur d'eau.

L'oxygène et l'azote qui entrent dans la composition de l'air ne sont qu'un mélange de 20 vol. 90 oxygène et 79 vol. 10 d'azote, ou en poids, de 23,10 d'oxygène et 76,90 d'azote ; nous disons que c'est un simple mélange et non une combinaison chimique à volumes définis ; nous n'en donnons pour preuve que la manière dont l'air se comporte en contact avec l'eau ; ce liquide en absorbe une certaine quantité ; il est évident que si les deux gaz étaient combinés, ils seraient nécessairement dans cette solution, dans les mêmes proportions relatives que dans l'air atmosphérique. Or il n'en est point ainsi, l'eau dissout une bien plus grande quantité relative d'oxygène que d'azote ; aussi l'air dont elle est saturée renferme-t-il 31 à 32 pour cent d'oxygène, au lieu de 20,90.

Des expériences nombreuses ont prouvé que la composition chimique de l'air pur est une et invariable sous toutes les latitudes, à toutes les températures, au niveau de la mer comme dans les régions les plus élevées de l'atmosphère ; seulement, il paraît certain que tous les fluides qui peuvent l'imprégner à la surface du globe, lui laissent, dans les régions supérieures, toute sa pureté native, qu'ils ne dépassent point la région des nuages, leur poids spécifique les entraînant comme eux vers la terre. — Voy. *Atmosphère*.

Adrien du Bocage.

**ALBINISME**. Affection de la peau, consistant dans la décoloration de cette membrane et de ses dépendances, rangée par Alibert parmi les dermatoses dischromateuses et par les autres dermatologistes, dans la classe des *macules*, genre des *décolorations*. Elle est *générale* ou *partielle*.

L'albinisme général (Leucopathie) est caractérisé par l'absence de pigment ou matière colorante, dans les cellules du tissu pigmentaire de toute la peau qui affecte alors la couleur d'un blanc fade particulier : on l'observe chez les *blancs* et chez les *noirs*.

Les albinos blancs ont des cheveux semi-transparents semblables à une filasse fine, souple et jaunâtre ; la barbe, les sourcils, les cils, participent à cette coloration ; des yeux pâles dont l'iris est rose, ce qui les a fait comparer avec raison à ceux du lapin blanc, qui n'est lui-même qu'un véritable albinos ; l'éclat de la lumière les blesse, car leur choroïde, dépourvue de son pigment noir, en laisse diverger les rayons ; leur pupille ne se dilate que dans l'ombre ou la nuit.

On prétend que les albinos sont généralement frêles, étiolés, lymphatiques ; on dit même que leurs facultés intellectuelles n'ont pu se développer. Il n'en est pas toujours ainsi, car, dernièrement encore, il nous a été donné de voir deux jeunes sœurs, à la chevelure argentée, longue et très-abondante, à la joue fraîche et rose, à la taille élancée ; leur corps, à dix-huit ans, offre une beauté de formes dont bien des brunes seraient jalouses et l'une d'elles, en particulier, possède une vive intelligence...

L'albinisme n'est point une affection héréditaire ni particulière à certains peuples ; les parents de ces deux jeunes filles, ont les cheveux très-bruns et la barbe très-noire.

L'*albinos nègre* se rencontre fréquemment au sud

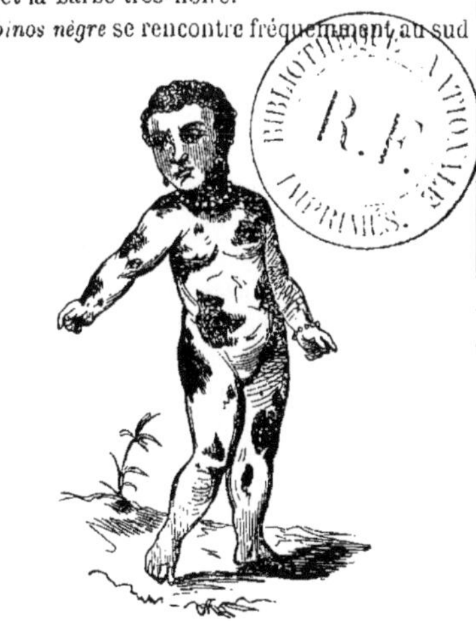



de l'Atlas : on nous le dépeint comme bien plus chétif et cacochyme que le métis, bien que chez certains peuples sauvages, la superstition en ait fait un être mystérieux en contact avec la divinité.

L'*albinisme partiel* (vitiligo) est congénial ou accidentel ; l'un et l'autre sont caractérisés par des taches d'un blanc laiteux que l'on rencontre surtout chez les noirs et qui font donner à ceux qui en sont affectés, le nom de *nègres pies*. Le vitiligo accidentel peut affecter la race blanche et se manifeste surtout par la décoloration des poils ou de simples taches à la peau ; on a dit que ces taches peuvent disparaître sous l'influence de certaines circonstances, de certaines émotions, pour reparaître ensuite.

Aucun traitement rationnel n'a encore été présenté pour combattre cette affection.

Le vitiligo est on ne peut plus commun chez les animaux : la leucopathie s'y rencontre même avec ses principaux caractères chez les moineaux, les pigeons, les souris, les lapins, etc...

ADRIEN DU BOCAGE,
naturaliste.

**ALBINOS**, voyez *Albinisme*.

**ALCALI** (Chimie), dérivé de *kali*, nom arabe d'une plante qui contient de la soude. Substance âcre, caustique et urineuse, verdissant les couleurs bleues végétales et les ramenant à leurs formes primitives, lorsqu'elles ont été rougies par un acide. Les alcalis s'unissent aux acides pour former des sels, et se combinent avec les huiles pour former des savons. Les principaux alcalis sont l'*ammoniaque*, la *soude*, la *potasse*, la *baryte*, la *strontiane*, la *chaux*, etc. Dans le commerce on apprécie la richesse des potasses et des soudes au moyen de l'*alcalimètre*, instrument imaginé par M. Descroisilles, et qui repose sur le fait bien connu de la propriété qu'a l'acide sulfurique de former avec la soude et avec la potasse des sels solubles dans l'eau.

Docteur EINHIECH.

**ALCHIMIE**. — Il est à regretter que les savants ne se soient pas encore entendus pour donner une définition exacte de ce mot. Les uns, en donnant à la science même les attributs qui ne convenaient qu'à quelques empiriques, l'ont fait regarder comme une chimère, une extravagance ; d'autres comme un prodige de l'esprit humain. De là on distingue deux sortes d'alchimie, l'*alchimie fausse* et l'*alchimie positive*. — La soif des richesses, l'amour de la vie et l'abus que font des mots certaines gens, ont donné naissance à la première qui, erronée dans ses principes et folle dans son objet, rend misérables ceux qui s'en occupent, car le résultat de leurs opérations n'est, le plus souvent, que cendres et fumée. Cette science, ou pour mieux dire, cette erreur fut fort en vogue dans le moyen âge. Un charlatan se présentait, il possédait, disait-il, le secret de faire de l'or ou des remèdes pour guérir tous les maux et prolonger la vie; il le persuadait par un verbiage inintelligible qu'on prenait pour des paroles mystiques; on lui confiait sa fortune, en tout ou en partie, dans l'espoir de recueillir des trésors, mais comme on ne recueillait ordinairement que des cendres, on enveloppait dans la même proscription l'alchimie et celui qui avait appuyé ses promesses du nom et de l'autorité de cette science. — Cependant les lumières du seizième siècle, qui commençaient à éclairer l'esprit humain, surent séparer ce que l'alchimie avait de faux d'avec ce qu'elle a de positif, et on la regarda comme une partie de la philosophie naturelle qui, par ses opérations, métamorphose les objets plus promptement que ne le fait la nature elle-même. C'est ainsi qu'avec du mercure et du soufre on obtient une matière solide et rouge appelée cinabre, en tout semblable au cinabre que la nature ne produit qu'après de longues années.— L'alchimie positive s'occupe de perfectionner les métaux, de faire des choses précieuses avec d'autres qui le sont moins, de trouver des remèdes propres à guérir les maladies dont l'humanité est affligée et à entretenir la santé. Elle cherche à découvrir l'art de la nature et à l'imiter dans ses opérations, mais elle agit par principes et parvient souvent, en allant du connu à l'inconnu, à des combinaisons curieuses et utiles. L'alchimie n'est donc autre chose que la chimie par excellence. — On l'appelle aussi *science* ou *philosophie hermétique* parce qu'on la suppose inventée par Hermès ou Mercure.

S. Gross,
professeur de Langues modernes.

**ALCOOL** (Chimie). L'alcool *absolu* est un liquide incolore, plus fluide que l'eau, d'une saveur brûlante et d'une odeur agréable. Il ne se solidifie pas à —90°, il bout à 78° 4, sous la pression de 760 millimètres; comparée à celle de l'air représentée par 1 la densité de sa vapeur est de 1,5890; par rapport à l'eau, la densité de l'alcool est à 15° 0,8021; il est donc approximativement de 1/5 plus léger que ce liquide. Fortement hygrométrique, il se mêle à l'eau en toutes proportions, avec réduction de volume et élévation de température; à l'air libre, il brûle sans résidu, avec une flamme bleuâtre et peu brillante.

100 parties d'alcool sont composées de :

| | |
|---|---|
| Carbone | 52,65 |
| Hydrogène | 12,90 |
| Oxygène | 34,45 |

Son équivalent chimique $C^4H^6O^2$, est représenté par 4 volumes de vapeur.

L'alcool est le produit de la *fermentation* des matières sucrées; on l'obtient dans les laboratoires par la réaction du ferment sur les matières amylacées et sucrées; en grand, par la fermentation spontanée des sucs de fruits, de raisin surtout, qui contiennent à la fois et la matière sucrée et le principe *azoté* dont la présence est indispensable à la fermentation. Les liquides fermentés, les vins, le cidre, la bière, contiennent l'alcool à l'état de mélange avec l'eau et beaucoup de matières fixes pour la plupart. On l'en sépare par la distillation.

Dans les pays où les vins de qualité inférieure sont abondants, on les *chauffe* dans de vastes appareils distillatoires; on obtient ainsi ce mélange d'eau, d'alcool et d'un peu d'huile essentielle particulière, qui porte dans le commerce le nom d'eau-de-vie. L'alcool étant beaucoup plus volatil que l'eau, en abandonne une grande partie par une seconde distillation qui, arrêtée à temps, doit donner un produit contenant jusqu'à 80 à 90 pour cent d'alcool; c'est l'esprit de vin, l'alcool du commerce, le 3/6 de Montpellier. Pour priver l'alcool des dernières proportions d'eau qu'il retient, il faut le distiller avec des substances très-avides de ce liquide, telles que la chaux, la potasse caustique, préparées à cet effet.

Toutes les eaux-de-vie, tous les alcools, les esprits du commerce, étant un mélange d'alcool et d'eau, il importe de connaître dans un liquide donné, leurs quantités relatives. On est parti de ce principe, l'eau ayant une densité plus grande que celle de l'alcool, la densité du mélange est d'autant plus considérable qu'il contient plus d'eau et moins d'alcool : le problème consiste donc à en rechercher la pesanteur spécifique et pour le résoudre on a inventé plusieurs instruments auxquels on a donné le nom d'aéromètres : le plus usité est celui de Cartier qui marque 0 dans l'eau pure et 44 dans l'alcool absolu, mais qui est généralement remplacé par l'*alcoomètre* centésimal de Gay-Lussac qui, à 15° marque 0 dans l'eau pure, 100 dans l'alcool absolu et indique exactement, en centièmes, le poids d'alcool contenu dans le liquide. Les eaux-de-vie du commerce varient de 18 à 21 Cartier qui correspondent à 40 à 60 centésimaux: les esprits, de 30 à 36 Cartier (75-90 centés.). L'expression alcool à 85 cent., signifie que le liquide contient 85/100 d'alcool absolu. L'alcoomètre ne peut servir que pour un liquide composé d'eau et d'alcool : pour un mélange contenant des matières étrangères qui en changent la densité, on peut déterminer approximativement la quantité d'alcool qu'il contient, par une observation comparée de son point d'ébullition, de sa dilatation par la chaleur.

L'usage de l'alcool est si universel que son abus constitue une des plaies les plus graves de la société : c'est lui qui, déguisant dans nos vins, dans nos liqueurs, sa saveur brûlante, enflamme le cerveau des ivrognes. La médecine l'emploie comme un stimulant précieux : pur, il enflamme l'estomac et cause la mort comme les poisons les plus énergiques. C'est le principe essentiel de tous nos *vins* : les agents d'oxygénation peuvent le séparer en acide carbonique et en eau, mais leur action lente le change en acide acétique, principe de tous nos vinaigres.

L'action des agents chimiques sur l'alcool donne naissance à une infinité de corps remarquables ou précieux; les plus importants sont les *éthers*, l'*aldéhyde* et le *chloroforme*. ADRIEN DU BOCAGE.

**ALCORAN** ou **CORAN**. Mot arabe qui signifie *Livre* ou *Collection*. Dans ce recueil de préceptes, en versets arabes, est renfermée la loi mahométane, ou l'islamisme, c'est-à-dire la religion des vrais croyants, titre que se donnent les Musulmans. Ses dogmes sont reconnus par la Turquie, la Perse, la Tartarie indépendante, les États barbaresques, diverses contrées de l'Hindoustan, de la Notasie, et une grande partie de l'Afrique. — Le mahométisme permet aux hommes la pluralité des femmes, dont l'usage est d'ailleurs immémorial dans tout l'Orient.

Après les lois de Moïse et de Jésus-Christ, la loi de Mahomet (1) est regardée comme la plus raisonnable de toutes les autres religions.

Bien que l'Alcoran tende au despotisme et à l'esclavage, et qu'on lui ait attribué une foule d'absurdités dont la plupart n'ont jamais existé, on ne peut se dissimuler qu'il ne renferme des maximes sublimes, telles sont, par exemple, les lignes suivantes insérées dans l'introduction :

« Louanges à *Dieu*, le souverain de tous les » mondes; au *Dieu* de miséricorde, au Souverain » du jour de la justice ; c'est toi que nous adorons, » c'est de toi seul que nous attendons la protec- » tion. Conduis-nous dans les voies droites, dans » les voies de ceux que tu as comblés de tes grâces, » non dans les voies des objets de ta colère, et de » ceux qui se sont égarés. »

A la suite de cette introduction, on y remarque trois lettres : A. L. M., dont on ne peut donner la signification précise, attendu que chaque commentateur les explique à sa manière; mais le plus grand nombre les fait correspondre aux mots : Alla, Latif, Magid : Dieu, la Grâce, la Gloire.

Ce livre défend les jeux de hasard, l'usage du vin et des liqueurs fortes; ordonne la prière cinq fois par jour, l'aumône et la tolérance. Sa morale est contenue dans ses paroles : « Recherchez qui » vous chasse, donnez à qui vous ôte, pardonnez » à qui vous offense, faites du bien à tous, ne con- » testez point avec les ignorants. »

Mais l'opinion la plus accréditée parmi nous sur l'origine de l'Alcoran, est que Mahomet l'aurait composé avec le secours de Batyras, jacobite, de Sergius, moine nestorien, de quelques juifs, et à l'aide des principes tirés d'Arius, de Nestorius, de Subellius et autres hérésiarques. On y trouve des passages de l'Écriture sainte, ayant rapport aux patriarches, à Jésus-Christ et à saint Jean-Baptiste; mais mêlés à un tissu de fables. Enfin, l'alcoran est divisé en quatre parties, et chacune d'elles en plusieurs livres distingués par divers titres, tels que ceux de la Mouche, de la Vache, de l'Araignée, etc.

Les Mahométans sont, comme dans toutes les religions, partagés en plusieurs sectes; mais tous croient, comme un article de foi, que leur prophète a reçu l'Alcoran de Dieu, par le ministère de l'ange Gabriel.

Ce livre enseigne qu'il y a sept cieux ou paradis, construits d'une manière plus ou moins merveilleuse : 1° d'argent fin, 2° d'or, 3° de pierres précieuses, 4° d'émeraudes, 5° de cristal, 6° de couleur de feu, 7° enfin, le plus délicieux, connu sous la dénomination de Genete Alcodus, réservé aux mu-

(1) Mahomet naquit en 570, à la Mecque, (Arabie Pétrée) où il vécut obscur jusqu'à l'âge de quarante ans, et mourut à Médine en 622, âgé de soixante-trois ans et demi.

sulmans qui auront le mieux accompli la loi de Mahomet. Voici la description de ce paradis :

« L'ange Gabriel tiendra les clefs de cet heureux asile, et la porte sera gardée par une légion d'anges qui formeront un concert continuel pour réjouir les justes. Ces hommes fortunés, de la taille d'Adam, d'une beauté parfaite, et vêtus d'habits de drap d'or, à fond vert, et enrichis de pierreries, seront assis dans des chaires d'un repos éternel, autour d'une grande table faite d'un seul diamant, où les chérubins et les séraphins leur serviront les mets les plus délicats, et où des enfants d'honneur leur verseront dans des coupes d'or, une liqueur délicieuse. Ils auront des logements splendides et des jardins enchantés remplis de toutes sortes d'arbres dont le feuillage vert et jaune formera des berceaux qui couvriront de leurs ombres les voluptueux exercices de ces bienheureux : ils reposeront sur de riches tapis avec des vierges célestes, éclatantes comme le soleil, blanches comme des perles, et dont les yeux brillants ne s'ouvriront que pour regarder ceux auxquels elles seront destinées.

« Les élus de Dieu se promèneront quelquefois à l'ombre des figuiers agréablement agités par les zéphyrs et arrosés par des ruisseaux limpides. Des sons flatteurs et mélodieux animeront sans cesse les amoureux désirs de ces bienheureux, qui jouiront des faveurs des vierges, sans lassitude, sans ennui, et sans craindre jamais que leur félicité soit altérée. » Telles sont les vives et charmantes descriptions que nous présente l'imagination des plus habiles théologiens musulmans, lesquels disent encore, en parlant du jugement dernier, que les hommes passeront sur un pont aigu dont la longueur, égale à celle de notre monde, n'excèdera pas en largeur un fil d'araignée, et que la hauteur se trouvera proportionnée à son étendue ; que les justes le traverseront plus vite qu'un éclair, tandis que les impies et les méchants, au lieu de le franchir, seront entraînés dans les feux de l'enfer par leurs iniquités, d'où ils sortiront un jour par la bonté de Mahomet (voyez Lois divines).

XAVIER GAILLARD,
littérateur.

**ALCYONIENS** (Hist. nat.). 3e ordre de la classe des *Polypes*.

Dans ces animaux, placés au bas de l'échelle zoologique, on distingue encore une bouche à laquelle adhèrent huit tentacules foliacés, dentelés, frangés; un œsophage, un estomac libre, comme suspendu aux parois voisines par des prolongements membraneux, derniers vestiges de mésentère, qui renferment les ovaires et les font communiquer avec la cavité digestive, de sorte que les œufs sont rendus par cette ouverture unique, qui sert de bouche et d'anus. Ces œufs, rejetés au dehors, restent ordinairement adhérents à la substance du polype qui les a produits; ils s'y développent, leurs corps se confondent, de nouveaux alcyoniens viennent s'ajouter à eux par la même voie de reproduction ; tous ces êtres vivent d'une vie commune, et il semble prouvé que la nourriture absorbée par l'un d'eux profite à la communauté tout entière. Dans ces masses gélatineuses, animées d'une vie obscure et multiple, se développent des concrétions pierreuses, cornées, filamenteuses, qui grossissent sans cesse sous leur écorce vivante, et constituent des polypiers parfois immenses, qui, le plus souvent, adhèrent aux rochers, aux bas-fonds, s'accroissent par l'aggrégation incessante de milliers d'individus, et forment des bancs, des récifs redoutables, longtemps cachés sous les eaux, qui, un jour, atteignent leur surface. Alors, les atomiques architectes de cette construction gigantesque, arrivés en contact avec l'atmosphère, ne sont plus dans les conditions nécessaires à leur existence : ils se dessèchent, le détritus de leurs corps forme une poussière terreuse, quelques sporules de lichen viennent y végéter, leurs débris augmentent cette couche légère d'humus formée par le corps des Alcyoniens, puis, quelques graines apportées par l'oiseau, par la vague, y germent, y grandissent, et ce qui avait commencé par l'œuf utriculaire d'un polype, est un îlot couvert de fleurs!

Bien que mal connus encore, les Alcyoniens sont généralement divisés en cinq familles :

1° Tubiporés;
2° Coralloïdes;
3° Pennatulaires;
4° Alcyonaires;
5° Spongiaires.

PREMIÈRE FAMILLE. Les *Tubiporés* présentent un corps gélatineux, allongé, cylindrique, renfermé dans une enveloppe membraneuse qui tapisse un tube coriace, corné ou calcaire : ils vivent isolés ou rassemblés en masses considérables, mais dont les tubes ne communiquent jamais entre eux. On en connaît deux genres, dont les animaux sont entièrement semblables et qui ne diffèrent que par la dureté de leurs tubes : les *Télestes*, dont les tubes coriaces, cannelés, flexibles, forment des polypiers adhérents aux roches sous-marines; les *Tubipores* proprement dits, à tubes calcaires, d'une grande dureté; le plus remarquable de ce genre est le *Tubipore musique*, dont les tubes juxtaposés imi-

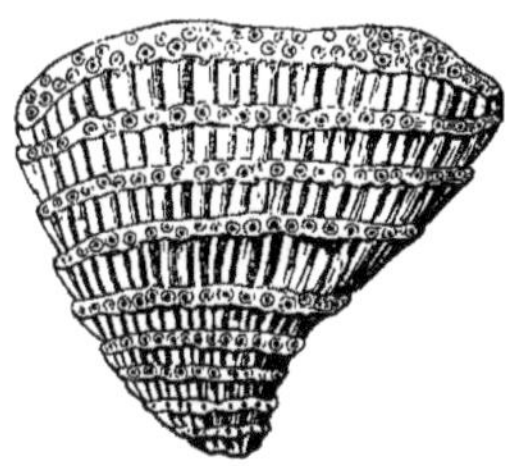

tent, par leur disposition, les tuyaux du pipeau ou de l'orgue. Ces polypiers, d'un beau rouge, peuplés de Polypes vert-émeraude, forment parfois, dans la mer Rouge surtout, des masses si nombreuses et si considérables, que plusieurs historiens les considèrent comme la cause de son nom.

DEUXIÈME FAMILLE. Les *Coralloïdes* sont les *Corticifères* de Cuvier, les *Cératophytes* des autres naturalistes. On peut se les représenter comme une masse de polypes unis par une trame vivante, dans l'intérieur de laquelle se développent d'abord des acicules cornés, puis des concrétions calcaires qui se durcissent et forment ces polypiers arborescents auxquels on a donné le nom général de *Coraux*; on les trouve dans toutes les mers d'Europe, surtout sur les bords, dans les baies calmes et peu profondes. Les formes, la consistance, le mode d'articulation de leurs polypiers, bien plus que les différences individuelles de leurs animaux, les ont fait diviser en quatre genres : 1° Les *Coraux*, polypiers dendroïdes, sans cellules et sans articulations, adhérents toujours aux bas-fonds ou aux rochers par un pied large, étalé, très-solide. Sur les bords de la Méditerranée, le Provençal, l'Italien, aiment à se pencher sur les flots limpides pour admirer au fond de la mer ces buissons touffus, aux formes variées à l'infini, aux rameaux fleuris comme les branches de l'amandier... Ces arbustes gracieux, ce sont des polypiers d'une dureté excessive, ces fleurs ce sont des polypes dont les huit tentacules, étalés en membranes légères, simulent les pétales d'une fraîche corolle, dont leur bouche forme le limbe et la gorge. Les coraux se pêchent en abondance sur les côtes de Barbarie, de France et d'Italie; le commerce les livre aux ciseleurs, qui en font des colliers et des objets d'art : la médecine avait autrefois utilisé leur poudre comme absorbante, mais les progrès de la matière médicale ont relégué cette préparation inerte dans la formule de quelques dentifrices, où elle n'agit que par une action mécanique, pour blanchir les dents. 2° Les *Isis* ne diffèrent des coraux que par les articulations cornées qui, d'espace en espace, séparent les parties calcaires de leur polypier. 3° Les *Antipathes* ont un polypier veineux, généralement moins dur que celui des coraux, recouvert d'une substance animale molle et transparente, qui se dessèche et se détruit au contact de l'air. 4° Les *Gorgones* ne diffèrent des antipathes que par la ténacité de leur matière animale, qui, se desséchant sur le polypier, le recouvre parfois des couleurs les plus vives.

TROISIÈME FAMILLE. — PENNATULAIRES. Cette famille comprend tous les rayonnés pourvus de huit tentacules dentelés distincts, vivant épars, à la surface d'un polypier libre flottant, dont la forme rappelle une plume à écrire, et qu'ils recouvrent d'une écorce vivante, en entier, moins une certaine partie qui reste nue et peut s'engager dans les sables du rivage, dans les interstices des rochers, sans jamais contracter avec eux aucune adhérence.

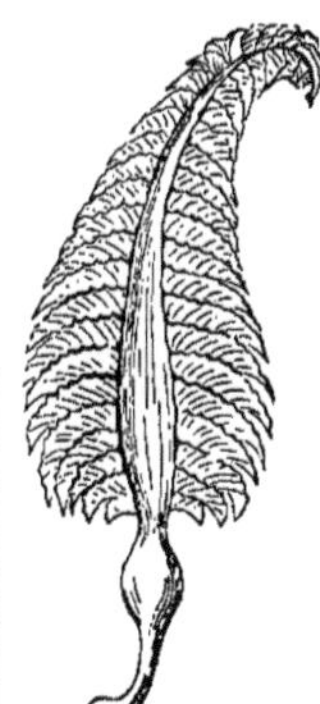

Le type de la famille, le genre le plus important est la *pennatule*, dont le polypier, plus ou moins allongé, présente un axe médian épineux ou lisse, régulier ou renflé par intervalles, garni latéralement de barbes frangées comme celles d'une plume, sur lesquelles on voit s'étaler des polypes nombreux, d'un rouge écarlate, phosphorescents, qui, nageant à la surface de l'eau par les contractions spontanées de tous, promènent la nuit sur les flots une flamme azurée, qui brille ou s'éteint suivant que les alcyons se montrent sur les barbes de la pennatule ou se cachent dans leurs interstices.

QUATRIÈME FAMILLE. — Alcyonaires. Famille peu connue encore, bien que très-commune dans les mers méridionales. Elle ne diffère sensiblement des autres que par le mode d'agrégation de ses polypes, qui ne présentent que des masses charnues, amorphes, traversées par des acicules cornées ou calcaires. Les *alcyons* et les *lobulaires*, bien que différant à peine, sont considérés comme deux genres distincts.

CINQUIÈME FAMILLE. — Spongiaires. C'est dans cette famille surtout que la vie existe sous une forme obscure et comme végétative. Dans ces masses globuleuses, d'une substance molle, traversée par des acicules nombreuses, soutenue par un tissu de nature cornée, on ne distingue plus aucun individu, c'est la substance charnue qui réunit les polypes agrégés, vivant d'une vie commune, sans les tentacules et la bouche de l'alcyonien.

On distingue dans cette famille trois genres : 1° les éponges, 2° les spongilles, 3° les tethyes; le premier seul nous offre un certain intérêt.

Classées par les anciens parmi les végétaux, puis parmi les animaux plantes, les éponges ont définitivement pris place dans la série animale depuis que, dans la masse de leur tissu, on a remarqué des mouvements, indices de sensibilité, et que l'on a constaté leur reproduction par des œufs; on les considère comme une réunion d'animaux microscopiques distincts d'abord qui, amenés au point de contact, se sont confondus dans une vie commune. Ce que l'on vend dans le commerce, sous le nom d'*éponges*, est la trame, le polypier des innombrables individus de ce genre; on les pêche en grand nombre dans la Méditerranée, sur les côtes d'Italie, de la Grèce, de l'Égypte : c'est de là que nous viennent les plus douces et les plus blanches; les éponges communes, plus volumineuses, pullulent dans les mers équatoriales. L'éponge adhère aux rochers par un pied large et solide; le plongeur la détache; sur le rivage, on la lave, on la bat, on la passe au chlore pour lui enlever une odeur désagréable, puis on la livre au commerce pour l'usage journalier des familles.

En médecine, on employait autrefois les cendres d'éponges contre les scrofules, les goîtres, les engorgements lymphatiques; elles n'avaient d'autres propriétés que celle d'un peu d'*iode*, qu'on peut en extraire et qui les a remplacées entièrement dans la pratique médicale.

Adrien du Bocage,
naturaliste.

**ALEXANDRIE** (École d'). Nom donné à une société de savants, de grammairiens, de poëtes, de philosophes, etc., fondée à Alexandrie par Ptolémée Philadelphe (IIIe siècle avant J.-C.) Le but principal que se proposait cette réunion d'hommes illustres était la connaissance de Dieu, de sa nature et de la manière dont il se manifeste à l'homme. Voici les membres les plus remarquables qui sortirent de cette école :

GRAMMAIRIENS. { Zoïle, Appolonius, Cratès, Zenodote.

POËTES. . . . . { Appollonius de Rhodes, Lycophron, Aratus, Callimaque, Théocrite, Philétas.

Tous les philosophes et tous les systèmes se donnèrent rendez-vous à cette école. Voici les principales sectes qui y prirent naissance :

1° L'Éclectisme, *Philosophie mixte*, renouvelée de nos jours par M. Cousin ;

2° Le Mysticisme ou Gnosticisme, qui prétendait connaître Dieu par une connaissance supérieure et secrète, qu'il ne définissait pas ;

3° Le Néoplatonisme, essai d'Éclectisme qui aboutit à une transformation mystique des doctrines de Pythagore et de Platon ;

4° La Philosophie chrétienne, fondée par saint Clément.

Proclus essaya de résumer ces écoles et d'en former un vaste éclectisme, mais la philosophie païenne dut courber la tête devant la voix des pères de l'Église qui s'était fait entendre, et Justinien ferma bientôt les écoles de la philosophie antique.

Tesson de La Rochelle.

**ALEXANDRIN** (Versification). Vers composés de douze syllabes, ainsi appelés parce qu'ils furent dit-on, employés pour la première fois dans un poëme du XIIe siècle intitulé *Alexandre*. Dubelloy et Ronsard s'en servirent les premiers, et depuis notre langue ne songea plus qu'à se revêtir d'éclat et de majesté. L'alexandrin est la forme imposée dans notre poésie à ce qui est noble, élevé, sublime, à ces deux sommités de l'art, la tragédie et l'epopée. Les vers de douze syllabes s'appellent encore *héroïques* ou simplement *grands vers*.

Feu Raveaud,
Premier président de l'Académie
de l'Enseignement (1).

**ALGÈBRE**, partie des mathématiques, dont la fin est de donner des règles générales pour résoudre les questions relatives aux nombres par le le moyen de lettres de l'alphabet. On peut regarder l'algèbre comme étant une arithméthique universelle aussi simple que facile à saisir. En effet, sept ou huit signes suffisent pour la plupart des opérations algébriques. Ces signes sont : — placé devant une quantité, signifie moins; + qui veut dire plus; $\times$ multiplié par : — ou : divisé par; = signifie égalité; > se lit, plus grand que; < plus petit que; $\sqrt{\ }$ racine à extraire. On doit encore mettre au nombre des signes les deux suivants, *coefficient* et *exposant*. L'exposant est un petit chiffre qui,placé à la droite d'une lettre et un peu en-dessus, marque le degré de la lettre comme dans $c^3$, 3 est l'exposant de $c$ et marque que le nombre représenté par cette lettre doit être élevé à la 3e puissance; de sorte que si $c=3$ nous aurons $c\times c\times c=3\times 3\times 3=27$. Le coefficient est un petit chiffre que l'on met devant une lettre pour marquer combien de fois la quantité marquée par cette lettre doit être additionnée avec elle-même comme $4c$, 4 est le coefficient de $c$ et si $c=3$ nous aurons $c+c+c+c=3+3+3+3=12$.

On croit que l'algèbre tire son origine de l'Arabie. Le géomètre Diophante, élève de l'école d'Alexandrie, en est regardé comme l'auteur .D'autres attribuent à Diophante le traité de haute arithmétique; mais quelque juste que soit l'opinion des savants, il est certain que l'algèbre tire son origine des Arabes, qu'elle fut apportée en Europe en 1200 par Léonard de Pise sous le nom d'*Art cassique*, qu'elle a conservé longtemps des formes cabalistiques, que ce ne fut guère que vers la fin du XVIe siècle que les français Viète et Albert Girard, accompagnés de l'anglais Harriot Thomas, composèrent d'une manière remarquable l'algèbre moderne. Newton et Leibnitz y mirent le sceau de leur science. Parmi tous ces grands noms, il ne faut pas oublier MM. Euler, d'Alembert, de Lagrange, de la Place et un grand nombre d'autres qui ne sont pas moins recommandables par le perfectionement qu'ils ont apporté aux systèmes algébriques.

On fait sur l'algèbre les mêmes opérations qu'en arithmétique, c'est-à-dire; l'addition, la soustraction, la multiplication et la division.

ADDITION. — *L'addition* algébrique se fait en joignant les quantités additives par les signes de l'addition, après quoi on peut faire les réductions voulues; exemple : soit à additionner $a^3$ avec $c-b+a$ et ${}^2c$, $a^2$ nous aurons $a^3+c-b+a+c^2+a^2$ et en réduisant $a^6+c-b$. (Voir de La Croix pour les exercices.)

SOUSTRACTION. — Pour faire la *soustraction* algébrique, il suffit de changer le signe + en — et d'écrire les nombres tels quels. Exemple : soit à retrancher $a+c$ de $40^3-c$ nous aurons

$$a+c-4a^3+c=-3a^2.$$

Soit encore à retrancher $a^2-b$ de $a^3+c$ j'écris $a^3+c-a^2+b$, je fais l'opération en disant·

$$a^3-a^2=a \text{ (je réduis.)}$$

comme les autres termes ne sont pas semblables j'écris $a+c+b$; remarquons que nous avons écrit $a^2+b$ au lieu de $a^2-b$, parce que nous devions retrancher de $a^3-c$ la quantité représentee par $a^2$ diminuée de la quantitié représentée par $b$, soit par exemple que $a=4$, $b=2$, $c=3$, nous aurons $4\times 4\times 4+3-4\times 4-2=67-16+2$ ou $67-16$ diminué de 2, c'est-à-dire $67+2-16=53$, il faut donc que dans les quantités à soustraire, le plus, se change en moins et le moins en plus.

MULTIPLICATION. — Pour la *multiplication* algébrique, il faut d'abord faire la multiplication des des signes en observant que $+\times+$ donne +, que $-\times-$ donne +, que $-\times+$ ou $+\times-$ donne

(1) Notre ami Jean-Marie Raveaud, bachelier ès-lettres et ès-sciences, etc., travaillait activement à notre encyclopédie, dès le commencement de l'année 1848, et nous avait déjà remis plus de quatre-vingts articles, lorsque une maladie lente et cruelle le ravit à sa famille et à ses nombreux amis (3 octobre 1849). Nous croyons rendre hommage à sa mémoire en publiant les articles qu'il nous a légués.

B. Lunel.

moins ou —, puis après, la multiplication des coefficients (comme en arithmétique) et ensuite des lettres; outre toutes ces règles, il faut encore remarquer les cinq choses suivantes : 1° Les coefficients se multiplient suivant les règles arithmétiques pour multiplication ; 2° Les produits de toutes les lettres dissemblables s'écrivent telles qu'elles sont; 3° On écrit au produit le résultat de la multiplication des lettres semblables en additionnant seulement les exposants des deux lettres qu'on multiplie; 4° S'il se trouve un terme littéral à multiplier par un terme numérique, on suit les règles prescrites plus haut; 5° La multiplication des fractions suit les mêmes règles.

1er *exemple.* Soit à multiplier $+4x$ par $+3a$, nous aurons $\begin{matrix} +4x \\ \times +3a \end{matrix} = 12xa$. ($ax = a \times x$, ou $x \times a$)

2e *ex.* $\begin{matrix} -6y \\ \times -3x \end{matrix} = 18yx$.

3e *ex.* $\begin{matrix} +3x^2 \\ \times +4x^4 \end{matrix} = 12x^6$.

4e *ex.* $\begin{matrix} -3x^2 \\ + \times 4x^4 \end{matrix} = -12x^6$.

5e *ex.* $\frac{3va^2}{4c^2y} \times \frac{4xa^3}{5c3y^2} = \frac{3v4xa^5}{2ac^5y^3}$.

Quand le multiplicande a plusieurs termes, il faut observer qu'on les multiplie les uns après les autres, et quand le multiplicande et le multiplicateur ont plusieurs termes, on fait comme en arithmétique, c'est-à-dire qu'on multiplie le multiplicande par chaque terme du multiplicateur. Exemple, on demande le produit de $15a^3 + 12 - x$ par $3x^2$ :

OPÉRATION.

$$\begin{array}{r} 15a^3 + 12 - x \\ \times \quad 3x^2 \\ \hline 45a^4x^2 + 36 - 3x^3. \end{array}$$

*Autre ex.* $45a^3x^2 + 36x^2 - 3x3 \times 10a^3 + 12 - x$.

OPÉRATION.

$$\begin{array}{rl} 45a^3x^2 + 36x^2 - 3x^3 & \\ 10a^3 + 12 - x & \\ \hline 450a^6x^2 + 360a^3x^2 - 30a^3. & 1^{er} \text{ produit.} \\ + 540a^3 12x^2 + 432x^2 - 36x^3. & 2^{e} \quad id. \\ - 45a^3x^3 - 36x^3 + 3x^4, & 3^{e} \quad id. \end{array}$$

DIVISION. — La *division* algébrique exige douze considérations : 1° La division des signes; 2° des coefficients; 3° on écrit au quotient toutes les lettres du dividende qui ne sont point semblables à celles du diviseur; 4° on n'écrit point au quotient les lettres qui sont communes au dividende et au diviseur; 5° lorsque les lettres communes au dividende et au diviseur se trouvant avoir au dividende un exposant plus fort que celles du diviseur, on en fait la soustraction; 6° si l'on a un terme littéral à diviser par un terme numérique on fait d'abord le quotient des signes; on divise ensuite le coefficient du terme littéral par le terme numérique et à la suite de leur quotient, on écrit tels quels, les lettres et les exposants du terme littéral; 7° + divisé par + donne +, — divisé par — donne + et deux termes qui ont des signes divisés l'un par l'autre donne — c'est-à-dire :
$+ : + = +$, $- : - = +$, $- : + = -$ et $+ : - = -$.
8° si les termes du dividende, ne contiennent pas le diviseur ou ne lui sont pas semblables, on met le tout sous la forme fractionnaire et l'on agit sur les deux termes comme on agit sur une fraction; 9° quand le dividende est complexe on ordonne ce dividende et le diviseur par rapport à une même lettre qui a partout l'exposant soit plus fort ou plus faible; 10° on pose l'exposant (en ordonnant) par voie de progression ou d'ascension de manière que le plus fort soit dans le premier terme à gauche; 11° on divise le premier terme à gauche du dividende par le premier terme également à gauche du diviseur, on multiplie tous les termes du diviseur par le terme trouvé au quotient et l'on fait la soustraction, ayant soin de se rappeler que dans la soustraction algébrique, + devient — et — devient +; 12° on réduit les termes semblables avec les termes restants, on fait une division (comme en arithmétique). Sil est besoin d'ordonner on le fait de nouveau.

1er *ex.* $30axz \frac{6az}{5x}$.

2e *ex.* $-40cya^2 \left\{ \frac{-8ay}{+5ca} \right.$.

3e *ex.* $+9ax^2z^2 \left\{ \frac{-10x^2z}{-9z} \right.$.

4e *ex.* $35bc : 70ba = \frac{35bc}{70ba} = \frac{7c}{14a}$ ou $\frac{c}{2a}$.

5ᵉ *ex.* $\dfrac{65a^6b^4c^2b}{5a^4bc^2}=13a^2b^3cd.$

6ᵉ *ex.* Soit à diviser
$2x^7-4x^6-x^5+6x^4-11x^3+40x^2-35x-42$
par $2x^7+7x^2$.

OPÉRATION.

$$\begin{array}{l|l}
2x^7-4x^6-x^5+6x^4-11x^3+40x^2-35x-42 & 2x^7-7x^2 \\
\underline{2x^7+7x^2} & \overline{x^3-2x^2+3x-4+5x-1+6x-2} \\
-4x^6+6x^5+6x^4-11x^3+40x^2-35x-42 & \\
\underline{+4x^6\quad -14x^5} & \\
6x^5-8x^4-11x^3+40x^2-35x-42 & \\
\underline{-6x^5\quad +21x^3} & \\
-8x^4+10x^3+40x^2-35x-42 & \\
\underline{+8x^4\quad -28x^2} & \\
+10x^3+12x^2-35x-42 & \\
\underline{-10x^3\quad +35x} & \\
+12x^2-42 & \\
\underline{+12x^2+42} & \\
0 &
\end{array}$$

François YVON,
Professeur de mathématiques.

**ALIMENT** (Hygiène), de *alere* nourrir. — L'*aliment* est toute substance qui, introduite dans le canal alimentaire a la propriété de fournir des matériaux propres au renouvellement ou à l'accroissement du corps.

Les aliments qui servent à la nourriture de l'homme sont tirés des végétaux et des animaux; mais si l'on réfléchit que la plupart des animaux qui fournissent nos aliments se nourrissent exclusivement de végétaux, on sera porté à considérer le règne végétal comme servant de base à l'alimentation. On sait d'ailleurs aujourd'hui que le pain, produit du gramen, peut suffire à l'entretien d'un animal carnassier et contient les *principes immédiats* de la chair. Haller avait reconnu implicitement ce fait, quand il a dit qu'entre le gramen et le lion, il n'y a que le bœuf qui mange l'un et qui est mangé par l'autre. Cette pensée du célèbre physiologiste a été développée d'une manière remarquable par MM. Dumas et Boussingault. Ces chimistes ont posé en principe, 1° que l'albumine, la caséine et la fibrine existent dans les plantes; que, par une sorte de *substitution*, ces matières passent toutes formées dans le corps des herbivores, d'où elles sont transportées dans celui des carnivores; 2° que les plantes seules ont le privilége de fabriquer ces trois produits dont les animaux s'emparent, soit pour se les assimiler, soit pour les détruire, selon les besoins de leur existence.

Les corps simples qui entrent daus la composition des aliments sont : l'oxygène, l'hydrogène, le carbone, l'azote, le phosphore, le soufre, le chlore, le calcium, le sodium, le magnésium, le silicium, le fer, le manganèse, etc.

L'aliment le plus simple renferme au moins les trois premiers de ces éléments, mais des expériences faites sur les animaux ont prouvé que des aliments qui ne renferment que ces trois corps simples ne peuvent entretenir longtemps la vie, et que l'aliment par excellence doit contenir en outre de l'azote. Ces quatre éléments doivent être regardés comme la base de toute matière organisée. Le soufre et le phosphore prennent place immédiatement après eux.

L'association des éléments simples en proportions variables, donne naissance à des composés organiques, qui existent tout formés dans les végétaux ou les animaux, et qui ont reçu le nom de *principes immédiats*.

Certains corps simples, quoiqu'en moindre quantité dans la composition intime de nos aliments, n'en sont pas moins indispensables à la formation de nos humeurs et de nos parties solides. Qui ne prévoit, en effet, l'atteinte profonde et même mortelle que subirait notre économie, si notre sang était dépourvu de fer et nos os de phosphore?

L'homme, par la conformation de l'articulation de sa mâchoire inférieure, de ses dents, et par celle de son canal alimentaire, tient le milieu entre les herbivores et les carnivores; ce qui donne à penser que l'Auteur de la nature a voulu qu'il vécut de substances végétales et animales, comme on le voit presque partout, d'où la division toute naturelle des aliments en végétaux et animaux. Ce n'est pas toujours impunément d'ailleurs que l'homme se nourrit exclusivement de végétaux, ou d'animaux; car on a remarqué que l'usage seul des premiers diminue les forces du corps et de l'esprit, tandis que celui des seconds, fait prédominer l'acide urique, prédispose à la goutte, aux tophus articulaires, à la gravelle, aux calculs vésicaux. *Un régime mixte* est donc ce qui convient le mieux à la nature de l'homme et qui est le plus en harmonie avec la conformation de son appareil digestif.

M. de Gasparin, dans un mémoire intéressant, fait en réponse à un travail de Magendie sur le régime alimentaire des mineurs belges, a prouvé par les observations consignées dans ce mémoire, que la valeur nutritive des aliments est en raison directe de l'azote qu'ils contiennent. Des Irlandais, dit cet auteur, nourris exclusivement de pommes de terre en consommaient 6 kil. 30 par jour, qui contiennent 23 grammes d'azote. On voit quelle énorme charge l'estomac recevait pour pouvoir y trouver la quantité de substances albuminoïdes (azotées) nécessaires à l'existence. Quand la pomme de terre manqua, le gouvernement fit venir du maïs d'Amérique, et les Irlandais adultes consommaient 1 kil. 34 de farine de ce grain, contenant 22 grammes d'azote. Quel était l'effet de ce changement de régime? On se plaignait d'abord que le maïs laissait une sensation désagréable de vacuité de l'estomac, laquelle provenait de ce que les organes de la digestion n'éprouvaient pas la distension à laquelle les avait habitués la quantité des pommes de terre consommées. Il n'en est plus ainsi aujourd'hui, le peuple s'est non-seulement habitué à l'usage du maïs, mais il le préfère et il reconnait qu'il se sent plus fort, plus soutenu que lorsqu'il se nourrissait de pommes de terre.

Dans nos petites villes du midi, les artisans se nourrissent alternativement de viandes et de légumes. Pour les personnes qui ne connaissent pas la formule exacte de la substitution alimentaire, elles n'apprendront pas sans étonnement que l'on remplace 250 grammes de viande (os compris, comme on la vend à la boucherie) par 150 grammes de haricots secs; mais leur étonnement cessera lorsqu'elles sauront que les haricots contiennent 3,80 pour 100 d'azote, et la viande seulement 2,42 pour 100. La substitution semblait avoir consulté la théorie pour régler ces doses relatives. Des recherches récentes faites par MM. Liébig, Dumas et Boussingault, il résulte que la puissance nutritive de toute substance alimentaire se décompose en deux influences essentiellement distinctes, 1° aptitude à être assimilée; 2° aptitude à subir l'action de l'oxygène introduit dans le sang par la respiration.

D'après ces données, on conçoit que les substances alimentaires azotées, telles que la fibrine, la caséine, l'albumime, administrées seules, et quoiqu'absorbées en quantité par les intestins, sont insuffisantes pour entretenir la vie, parce qu'elles ne fournissent pas à l'économie assez d'éléments combustibles. Pour qu'elles nourrissent complétement, il faut qu'elles soient associées à des substances alimentaires non azotées, essentiellement *combustibles* ou *respiratoires*, tels que l'amidon, le sucre, les acides organiques, et peut-être la gélatine. De même aussi, ces dernières substances ne pourraient nourrir qu'autant qu'elles seraient associées à des aliments azotées.

De toutes les classifications des aliments, celle qui est fondée sur la considération de leurs principes immédiats nous paraît préférable, pour l'étude, en ce qu'elle les partage par groupes dont les caractères sont communs, et qui ont des effets spéciaux sur l'économie.

En considérant les aliments sous ce point de vue nous les diviserons en huit classes.

1° *Aliments fibrineux.* La chair musculaire et le sang des divers animaux, notamment des mammifères adultes et des oiseaux.

La base de ces aliments est constituée par la fibrine. Il n'en est pas qui fournissent au sang des matériaux plus réparateurs.

2° *Aliments gélatineux.* Les tendons, les aponévroses, le chorion, le tissu cellulaire, les animaux très-jeunes, etc., ont pour base la gélatine, et pour effet de ne fournir qu'une alimentation insuffisante. Ils sont adoucissants.

3° *Aliments albumineux.* Le cerveau, les nerfs, les œufs, les huîtres, les moules, les riz-de-veau.

Cette classe, comme son nom l'indique, a pour base l'albumine.

L'aliment albumineux nourrit beaucoup et laisse peu de résidu; il séjourne d'autant moins dans l'estomac qu'il est moins cuit.

4° *La fibrine, la gélatine et l'albumine*, se trouvant en proportions à peu près égales dans les poissons, nous ferons de ceux-ci une classe à part d'aliments, en y ajoutant quelques crustacés, comme le homard, la langouste, l'écrevisse, la crevette, etc.

L'osmazôme, substance d'une saveur et d'une odeur agréables, qui existe dans les mammifères et les oiseaux et qui donne la couleur aux viandes rôties, se rencontre à peine dans les poissons. Sous le rapport de l'alimentation, les poissons tiennent le milieu entre les végétaux et les viandes. C'est un préjugé de leur attribuer des propriétés aphrodisiaques, lorsqu'ils sont frais.

5° *Aliments féculents.* Froment, orge, avoine, seigle, épautre, sarrazin, maïs, pommes de terre, sagou, salep, pois, haricots, lentilles, marrons, châtaignes, arrow-root, etc.

Ont pour base la *fécule* ou *fécule amylacée*, appelée aussi *amidon*.

Sont les plus nourrissants des végétaux, mais ne soutiennent pas autant que les fibrineux.

6° *Aliments mucilagineux* ou *gommeux*. Carotte, betterave, navet, salsifis, panais, asperge, épinards, choux, laitue, artichaud, mâche, bette, haricots verts, petits pois verts, courge, concombre, melon, potiron, rave, radis, etc. Les fruits font aussi partie de cette classe d'aliments.

Ont pour base le mucilage, qui n'est autre chose que la gomme associée à quelque corps amer, sucré, âcre ou acide.

Ne peuvent servir à la nourriture qu'autant qu'ils sont associées aux aliments féculents.

7° *Oléagino-féculents.* Amandes douces, cacao, olives, noix, noisette, les faines, la noix du cocotier, etc.

Ont pour base la fécule et l'huile ; se rapprochent des aliments féculents, mais sont un peu plus difficiles à digérer par rapport à l'huile qu'ils contiennent.

8° *Aliments caséeux.* Ils comprennent le lait et ses préparations.

Dans le but de relever la saveur des aliments et de faciliter leur digestion, on emploie certaines substances connues sous le nom de *condiment* (Voy. ce mot).

Nous indiquerons au mot *boisson*, les liquides qu'on introduit dans l'estomac pour étancher la soif ou stimuler les organes.

Le corps ne se soutient dans l'état de santé qu'au moyen d'aliments destinés à réparer les pertes journalières qu'il fait par les selles, les urines, les sueurs, etc. Ils doivent être pris en quantité suffisante, autrement il y a *inanition* (Voy. ce mot).

Pris habituellement en trop grande quantité, ils disposent à la pléthore, source d'une foule de maladies. Les gourmands devraient toujours avoir présent à l'esprit cet axiome de l'école de Salerne :

Pone gulæ metas, et irit tibi longior ætas.

« Mets des bornes à ta gueule et tu vivras longtemps. »

Ce conseil, quoique donné en termes peu polis n'en est pas moins très-salutaire.

La quantité et la nature des aliments sont subordonnés à l'âge, à la saison, au climat, à l'exercice, etc.

On a calculé, pour l'homme adulte (régime du cavalier français), qu'il fallait dans nos climats :

| | g Grammes. | Matière azotée sèche. | Matière non azotée sèche. |
|---|---|---|---|
| Viande fraîche. . . | 125 | 70 | » |
| Pain blanc de soupe. | 516 | 64 | 596 |
| Pain de munition. . | 750 | | |
| Légumineux. . . . | 200 | 20 | 150 |
| | | 154 | 746 |

Les 154 grammes de matières azotées sèches correspondent à 22 grammes, 05 d'azote, et les 746 grammes de matières non azotées sèches représentent 328 de carbone.

Les nombres auxquels M. Dumas est arrivé, se rapprochent un peu de ceux-ci. Malgré cela, il ne faudrait pas accorder à ces évaluations une importance trop absolue, car la ration doit toujours être relative à la dépense. L'homme sain de corps et d'esprit, dit Moreau de la Sarthe, peut trouver dans ses sensations un guide plus sûr, une mesure plus exacte que la balance de Sanctorius.

Louvet,
docteur-médecin.

**ALLÉGORIE** (Mythologie, Rhétorique). Les anciens avaient divinisé la plupart des passions, des vertus et des vices qui existent parmi les hommes. Ces divinités étaient appelées allégoriques, et la fiction qui les avait formées, *allégorie*, mot qui signifie, à proprement parler, l'action de représenter un objet quelconque sous des traits qui ne sont pas les siens, mais que l'on juge lui convenir. Ainsi la Justice était représentée sous la figure d'une jeune fille, tenant d'une main une balance égale des deux côtés et de l'autre une épée nue. — L'allégorie, en rhétorique, est une figure par laquelle, en peignant une personne ou une chose, un poëte ou un orateur veut désigner une autre personne ou une autre chose. Par exemple, un roi puissant et redoutable sera représenté sous la figure de Jupiter Tonnant; un jardin délicieux sera appelé allégoriquement un paradis. L'allégorie se prend encore dans le sens d'allusion. — voy. *Allusion.*

Casimir Drapier.

**ALLUSION** (Rhétorique). On appelle allusion une figure de rhétorique par laquelle on fait sentir le rapport qui existe entre une personne et une autre personne, entre une chose et une autre chose. Communément, faire allusion aux paroles ou aux actions d'une personne, c'est rappeler en termes couverts les paroles ou les actions de cette personne. Il est nécessaire, pour que l'allusion soit bonne, que son objet soit connu de ceux à qui elle s'adresse; autrement ce ne serait qu'une révélation incompréhensible. Il faut aussi qu'elle soit voilée avec un certain art; trop claire, ce ne serait plus une allusion mais un récit. *Idem.*

**ALPHABET**. *Définition.* — L'alphabet est la collection des lettres ou signes destinés à représenter les sons particuliers qui entrent dans la composition des mots d'une langue.

*Étymologie.* — Ce mot nous vient du nom des deux premières lettres de l'alphabet grec, *alpha*, *béta*. L'usage s'introduisit de citer ces deux mots pour indiquer la réunion de toutes les lettres, et l'on a fini par dire : l'enfant étudie l'*alpha béta*, de la même manière que le peuple dit chez nous : l'enfant étudie l'*A B C*. Il paraît que cet usage était assez répandu dans l'antiquité, puisque les Juifs désignent les ouvrages qui composent la Bible par le premier ou les premiers mots de chacun d'eux. Cependant ce mot a été en butte aux critiques d'un grand nombre de grammairiens modernes, entre autres Voltaire et Nodier. « *Alphabet*, dit Voltaire, ne signifie autre chose que *ab*, et *ab* ne signifie rien, ou tout au plus il indique deux sons, et ces deux sons n'ont aucun rapport l'un avec l'autre. » Nodier ne se contente pas de ces plaintes, il propose le mot *grammataire*, mieux fait, plus savant, mais qui restera à jamais ignoré de la foule, tandis que le mot *alphabet* subsistera autant que notre langue.

*Origine.* — Pendant longtemps l'homme ne put communiquer ses idées à ses semblables que de vive voix ou par des signes; dès qu'il était éloigné de ses parents, de ses amis, toute relation était interrompue. Aussi essaya-t-il bientôt de s'entretenir avec les absents en représentant, sur diverses matières, les objets dont il voulait parler; mais il ne tarda pas à renoncer à un moyen aussi long et aussi imparfait, qui ne permettait de peindre que les objets matériels, à peine de recourir à des emblèmes souvent fort obscurs, ainsi qu'on en peut juger par les *hiéroglyphes.* — voy. ce mot.

L'écriture idéographique fut une simplification des hiéroglyphes, et un nouveau progrès dans l'art graphique. Mais quelle imagination ne serait pas effrayée par le nombre incalculable des caractères! On a beau nous dire qu'avec ce système d'écriture, des peuples parlant des langues différentes peuvent correspondre entre eux sans interprète, nous n'envions pas cet avantage aux Chinois et aux Japonais, car il faudrait l'acheter par des inconvénients de beaucoup supérieurs à ceux que présente notre écriture.

Le dernier perfectionnement à introduire était le moyen de figurer les sons. Plusieurs peuples se disputent cette admirable invention, entre autres les Égyptiens, les Phéniciens et les Chaldéens; cependant le plus grand nombre des savants l'accordent aux Phéniciens. Quelle sagacité, quel esprit d'analyse n'a-t-il pas fallu pour s'apercevoir qu'au milieu des mots nombreux existant dans toutes les langues, il n'y a cependant qu'une petite quantité de sons qui, en se combinant de toutes sortes de manières, forment les syllabes, les mots si différents, au moyen desquels il est possible d'exprimer toutes les idées.

Quand le génie, qui a doté l'humanité de ce puissant moyen de civilisation, eut trouvé des caractères pour chaque son, pour chaque articulation, l'orthographe fut aussi parfaite qu'il est possible que le soit un ouvrage sorti de la main des hommes. Il y avait autant de caractères que de sons, et chacun d'eux n'avait jamais qu'un seul usage. Malheureusement il n'en est plus ainsi aujourd'hui. J'examinerai aux mots *Néographie* et *Orthographe*, quels sont les vices de notre alphabet et les divers moyens qu'on a proposés pour les corriger.

*Divers alphabets.* — La ressemblance étonnante que nous remarquons entre les lettres alphabétiques de tous les peuples indique une origine commune. L'hébreu, le phénicien, le syriaque présentent dans leurs alphabets des altérations trop peu sensibles pour qu'on puisse mettre en doute l'identité de leur origine. Les caractères grecs, regardés à l'inverse, sont les mêmes que les lettres hébraïques. De cet alphabet grec est dérivé l'alphabet latin, qui a formé tous ceux qui s'emploient maintenant en Europe et chez beaucoup de peuples des autres parties du monde.

On s'est beaucoup occupé de la recherche d'un *alphabet universel*, c'est-à-dire d'un alphabet qui puisse rendre, par des signes simples, tous les sons également simples formant les différentes langues, sons que l'on dit s'élever à soixante-dix. Tout cela n'est encore qu'à l'état de projet, et y restera peut-être longtemps encore, à cause des nombreuses difficultés qu'en présente la réalisation.

*Ordre des lettres de l'alphabet.* — La distribution des lettres dont se compose l'alphabet a été à bon droit l'objet de nombreuses critiques. Pourquoi, dit-on, l'A occupe-t-il la première place, le B la seconde, le C la troisième, et ainsi de suite? L'alphabet se composant de plusieurs sortes de lettres qui forment comme autant de classes, l'analogie demandait qu'elles fussent rangées dans cet ordre, qui était le plus naturel. Qui a pu les ranger au hasard comme elles le sont? On l'ignore. Quand parviendra-t-on à détruire cet usage ridicule, et les autres vices de l'alphabet? Nul ne le sait; mais ce que l'on peut affirmer, sans crainte d'erreur, c'est que ces améliorations ne sont pas près de s'introduire, la paresse humaine aimant mieux suivre le torrent de la routine que de lutter contre les préjugés.

J.-B. Prodhomme,
Secrétaire de la société grammaticale.

**AMBITION** (Morale). Désir immodéré d'agrandir son nom, sa puissance, ses richesses. Renfermée dans de justes limites, et lorsque pour arriver à son but, l'on ne met en avant que les vertus, les talents, l'ambition peut devenir un levier puissant, capable d'opérer de grandes choses; mais lorsqu'on se permet tous les moyens d'élévation, cette passion devient un malheur public, en ce que l'ambitieux ne craint pas de sacrifier une foule de malheureux en les faisant servir d'échelons à sa grandeur future. L'histoire de Cyrus, de Pyrrhus, de Philippe, de César, de Cromwel, etc., est là pour nous prouver que l'ambitieux échappe rarement aux coups du sort qu'il a tant de fois bravés.

A. Roblin du Rocher.

**AME.** (Philosophie). Tous les philosophes, tant anciens que modernes, se sont appliqués à donner de l'âme, une définition en rapport avec les idées qu'ils se sont formées sur sa nature. Les uns ont dit: c'est une substance spirituelle qui est le siége de la pensée, le principe du mouvement, des sensations, de l'intelligence, des passions chez l'homme; les autres, c'est le principe de la vie, principe immatériel qui nous distingue des animaux; d'autres, c'est un être mystérieux qui perçoit les sensations, juge de nos affections et de nos connaissances.... Ce principe de la vie, qui, allié à la matière, forme l'individu, l'être doué de connaissance, de sentiment et de volonté, etc.... Toutes ces définitions, qui ne sont guère que des variantes, quant à la forme d'une phrase vague qui ne définit rien, a porté d'autres philosophes à émettre cette idée plus vague encore: il est de l'essence de l'âme comme de celle de la Divinité, de ne pouvoir se prêter aux formes du langage, formes empruntées aux images, aux objets extérieurs avec lesquels l'être immatériel ne peut avoir aucun rapport, aucune similitude. Pour le chrétien, l'âme est le souffle divin dont l'Éternel anima le limon de l'homme, une étincelle de son essence immatérielle et éternelle.

Ne pouvant avoir de l'âme une idée assez exacte, assez claire pour la définir, les hommes ont dû errer bien plus encore sur son origine et sur sa nature. Dès la plus haute antiquité, nous voyons bien établie la distinction du corps et de l'âme, le corps composé de matériaux grossiers dont les propriétés tombent sous nos sens, dont la substance est soumise aux lois générales qui régissent la matière, l'âme, principe invisible, insaisissable, composé suivant les uns d'une portion de cet éther universellement répandu dans toute la création dont il serait la partie active, l'âme générale (Pythagore); suivant les autres d'un feu subtil (Démocrite, Leucippe); d'un air léger (Anaxagore-Archélaüs); d'eau et de terre (Xénophane); d'une matière distincte des quatre éléments (Critolaüs).

Comme on le voit, après avoir épuisé sans en être satisfaits, tous les éléments de la nature, les philosophes anciens, toujours avides, comme ceux de nos jours, d'émettre une idée nouvelle qui s'attachât à leur nom, commencèrent à chercher ailleurs le principe de la matière de l'âme; Critias dit: L'âme c'est le sang, comme d'autres dirent plus tard, c'est le souffle du corps; l'âme c'est la vie, c'est l'ensemble des conditions indispensables à l'existence.

Les premiers chrétiens, les saints Pères semblèrent embarrassés pour secouer un reste de matérialisme et le principe du *spiritualisme* pur ne fut guère professé qu'au XVIIe siècle par Descartes et ses disciples, pour trouver bientôt des adhérents dans le monde entier.

La plupart des anciens, Socrate, Platon, Pythagore, etc., malgré la confusion qui régnait entre eux sur la nature de l'âme, avaient admis son immortalité. Depuis la métempsycose, le polythéisme, le fétichisme des sauvages, le monothéisme des chrétiens, des Musulmans, des Indiens, le principe de l'immortalité de l'âme a été la base nécessaire de toutes les religions, l'idée fondamentale, sans laquelle aucune religion n'est possible. Il n'est aucun principe aussi intimement lié à la nature de nos pensées, aussi universellement reconnu, dans tous les temps, dans tous les lieux, aussi nécessaire à l'homme. Sans l'immortalité de l'âme, en effet, notre existence, notre vie, ne serait-elle pas un non sens qui rejaillirait comme un outrage à la face du Créateur? ne serait-il pas malheureux, absurde, désespérant de dire : Tant d'existences misérables que nous voyons végéter ici-bas dans la misère et la souffrance, les yeux fixés sur un bonheur qu'elles croient reconnaître dans les autres, sans pouvoir l'atteindre elles-mêmes, doivent se confondre dans le même néant; que tant d'âmes qui souffrent sans avoir jamais eu un bonheur, ne peuvent avoir d'autre espérance que celle de cesser d'être, sans pouvoir jamais rêver pour l'avenir une félicité même incertaine. Tout homme qui se dit philosophe et qui doit avoir un cœur sensible, dût-il même, par une disposition, vicieuse peut-être, de son jugement croire à l'anéantissement de l'âme, ne devrait pas enseigner, bien moins encore démontrer un dogme aussi désespérant; ou alors, pour être logique et conséquent avec lui-même, il devrait nier la Divinité et ne rapporter qu'aux vices des institutions humaines, l'absence pour la majorité des hommes, d'un bonheur qui serait dû à tous; il ne devrait plus désavouer, désapprouver les efforts, quels qu'ils soient, de l'homme déshérité, de sa part de jouissance, pour reconquérir ce qui lui en est légitimement dû par son droit de naissance... Croyons à l'immortalité de l'âme, enseignons-la, efforçons-nous de la démontrer, ne fût-ce que pour dire à celui qui languit dans la souffrance, à la femme qui n'a plus d'espoir ici-bas, et qui, épouse ou mère, n'aspire qu'à quitter la terre pour rejoindre l'objet cher à son cœur: il est une autre vie où tes peines seront pour ton âme immortelle comme un fleuron de gloire, comme un titre de plus au bonheur qui ne doit point finir.... Cette pensée est bien douce; on comprend bien que dans toutes les âmes, elle a dû germer naturellement.... Bien malheureux ceux qui ont trop souffert dans le monde, pour oser croire au bonheur, même dans une autre vie, et qui n'osent espérer que l'horreur du néant... Pour ceux-là, ils se disent: Pourquoi suis-je sur la terre?... Ils peuvent reprocher au Ciel leur naissance, et vraiment, pour eux, mieux vaudrait ne pas être nés.

L'immortalité de l'âme étant admise, la première question qui se présente est celle-ci : Que devient l'âme quand la mort l'a séparée de son corps périssable?... Ici, les systèmes nombreux encore, peuvent se résumer en quelques mots. La métempsycose la fait passer, suivant que l'homme a été criminel ou vertueux, dans les corps de bêtes heureuses ou malheureuses. Presque tous les autres systèmes religieux font passer l'âme au sortir du corps, dans des lieux divers, indéfinis, placés au centre de la terre dans les diverses régions de l'espace, Ciel, Enfer, Paradis, Champs-Élysées... Des sophistes ont dit : Il n'est que deux idées corrélatives : l'éternité, l'immensité; l'une s'applique au temps, l'autre à l'espace.... L'âme étant immortelle, peut passer éternellement dans les diverses parties de l'espace, dont l'immensité suffira toujours à ses migrations; dans leur idée, l'âme en sortant de ce monde, ne ferait que se dépouiller d'une enveloppe terrestre, pour en revêtir une autre dans une autre planète...

Non contents de dire l'âme est immortelle, des hommes ont dit, elle est éternelle. L'âme préexisterait au corps, soit que l'âme de l'individu ne soit qu'une partie de celle de l'homme qui lui a donné la naissance, et que toutes nos âmes aient existé dans celle de notre premier Père, ce qui donnerait de la tache originelle une explication presque plausible... Cette théorie, qui comptait de nombreux adhérents au moyen âge, conduisit directement à cette pensée nécessaire... Quelle est l'époque où l'âme s'unit au corps? La plus part dirent: c'est au moment de la conception, mais un grand nombre, d'après des autorités respectables, déclarèrent que ce n'était qu'à partir du quarantième jour de la vie intra-utérine, et chacun sait à quels monstrueux excès certaines femmes se crurent autorisées par cette croyance. Ces questions oiseuses qui faisaient fureur autrefois, dorment dans la poussière avec les livres dans lesquels on les a discutées.

Combien d'ouvrages d'une vaine et futile controverse n'a-t-on pas écrits sur la question de savoir si les animaux ont une âme... Croirait-on aujourd'hui que des hommes ont été assez fous pour hésiter à la reconnaître chez la femme... cette fleur de la création, qui ne nous charme que par les attributs de son esprit et de son cœur... pour la reconnaître à peine dans la nature inintelligente du nègre... Oh, sans doute, ceux-là, ils eussent anathématisé cent fois celui qui fût venu leur dire : l'âme de la brute à laquelle vous accordez à peine un instinct qui la distinguât de la plante ou de la machine, possède les trois grandes facultés de notre âme : la sensibilité, l'intelligence, la volonté, et n'en diffère que par la faculté de juger des effets et des causes, la *raison* et surtout la faculté d'initiative... C'est là cependant ce qui est le plus généralement admis aujourd'hui : l'âme des animaux, douée d'une sensibilité souvent exquise, d'une intelligence remarquable, d'une mémoire sûre et précise, d'une volonté souvent immuable, ne diffère de la nôtre qu'en ce que cette volonté ne semble point réglée par le jugement, par la raison, et que dépourvus de l'esprit de comparaison et d'induction, ils ne peuvent arriver à un mouvement d'initiative.

Qui pourra nous dire les liens mystérieux qui unissent l'âme au corps, l'esprit à la matière, et, pourtant qui pourrait nier l'intimité de ces rapports?... Lorsque l'âme souffre, ne voit-on pas le corps languir, souffrir, s'émacier : voyez cette femme naguère si éblouissante de fraîcheur et de jeunesse? son œil est terne, son teint pâli, sa démarche chancelle, aucune énergie ne semble présider à ses mouvements pénibles... une douleur cuisante a passé sur son âme! un rayon de bonheur? et sur son visage, en toute sa personne, la vie ruissellera encore, prodigue de force et de fraîcheur... D'un autre côté, cet homme qui n'aurait rien à demander à Dieu, une douleur physique vient torturer son corps.... N'allez plus lui parler de plaisir, d'existence, d'affaires.... comme son corps, son âme souffre; il est malade, il n'est plus lui... lui, si gai, si bienveillant, il est triste et bourru; son esprit naguère si vif, si brillant, semble caché sous des voiles épais, dans son corps impotent son âme semble devenue inerte... Suivez depuis l'enfance les développements progressifs de l'âme et du corps; devons-nous réellement admettre que l'âme de l'enfant soit déjà l'âme d'un homme, mais qu'elle ne peut, avec un instrument imparfait, révéler ses facultés? C'est là surtout le grand argument de ceux qui n'ont vu dans l'âme qu'un résultat sensible de notre organisation, et ils se sont plu à voir grandir l'effet avec la cause, à les faire naître, périr ensemble...

Quant aux vaines discussions des anatomistes, des physiologistes, pour reconnaître à l'âme un siége particulier dans le corps, ce sont autant de subtilités; que les uns fassent siéger l'âme dans les ventricules du cerveau, dans les corps olivaires, dans les tubercules quadrijumeaux, dans la moelle épinière; que ces facultés diverses soient éparses dans les différentes parties du corps; la connaissance, la mémoire dans le cerveau, la sensibilité dans le cœur, etc., etc., nous ne pouvons avancer qu'une chose, c'est que le siége des facultés de l'âme semble être le cerveau, et que certaines d'entre elles ont un développement proportionnel au développement de certaines parties de cet organe.... C'est là, comme l'on sait, la base du système de Gall (phrénologie).

L'étude des facultés de l'âme forme l'objet d'une étude bien vaine et bien incertaine encore, la *Psychologie*. ADRIEN DU BOCAGE.

**AMENDEMENT** (Agriculture). Substance propre à corriger, à améliorer le sol.

Avant d'entreprendre l'amendement de sa terre, le propriétaire ou le fermier qui a un long bail, doit s'attacher à bien connaître la nature, l'état et la composition du sol, à rechercher les substances les plus propres à l'amendement, et à donner la préférence à celles dont l'extraction ou le transport est moins coûteux; à étudier la nature, la composition, les propriétés et les effets de la substance qu'il veut employer; à se rendre compte des difficultés, des peines, des travaux qu'il aura à faire. En un mot, il ne faut pas qu'il entreprenne au hasard une opération qui peut être inutile, peut-être même nuisible au sol, ou dont les frais dépasseraient les bénéfices de l'amélioration. Les amendements sont d'une grande importance en agriculture; ils augmentent de moitié les produits agricoles. Pourquoi faut-il qu'ils soient encore si peu pratiqués en France?

Les substances qui servent d'amendements sont :

1° SUBSTANCES CALCAIRES : Chaux, marne, platras, faluns (débris de coquilles fossiles);
2° SUBSTANCES STIMULANTES : Gypse ou plâtre, cendres, vases ou limon de mer;
3° SUBSTANCES SALINES : Sel marin, sulfate de soude, salpêtre;
4° SUBSTANCES ou TERRES MÉLANGÉES : Le sol où la chaux domine s'amende avec de l'argile,
Quand l'argile domine, on y mêle sables, graviers, terres calcaires,
Au sol sableux; on mêle les boues argileuses des mares, des fossés.

MOUSNIER,
Professeur au lycée de Nantes.

**AMÉRIQUE.** L'Amérique est, après l'Asie, la plus grande des cinq parties du monde. Elle a été découverte en 1492 par Christophe Colomb, célèbre navigateur génois, au service de l'Espagne. Ayant conçu de bonne heure la pensée des découvertes, Colomb communiqua ses idées à sa patrie, qui le traita de visionnaire. Il se rendit à la cour d'Espagne, où, après sept ans de sollicitations, il obtint de la reine Isabelle trois petits bâtiments; trente-trois jours après son départ de Palos, il découvrait l'île de Guanahami et dotait l'Espagne d'un Nouveau-Monde.

En 1497, Améric Vespuce, savant florentin, fit un voyage dans le nouveau continent, et, publiant la première relation qui ait paru sur cette partie du monde, la postérité donna son nom à l'Amérique. Après plusieurs voyages, Colomb, en proie aux chagrins que lui causait l'ingratitude de Ferdinand et d'Isabelle, mourut en 1506, sans se douter d'avoir découvert un Nouveau-Monde, et Améric Vespuce, qu'on appela si souvent usurpateur, ne dut qu'au hasard l'honneur de donner son nom au nouveau continent.

Les productions de l'Amérique sont d'une variété merveilleuse et d'une extrême richesse. Aucune contrée du monde n'est plus riche en mines de toute espèce. On se ferait difficilement une idée de l'or et de l'argent que ce pays a jetés dans la circulation. Le règne végétal n'est pas moins remarquable, et c'est à l'Amérique que nous devons la pomme de terre, le topinambour, le quinquina, la vanille, l'acajou, le cotonnier, le tabac, etc. Les espèces animales sont très-remarquables : on y trouve le renne, le bœuf musqué, le bison, la girafe, le castor, des ours gris et noirs, des cabrais, des fourmiliers, des tatous, etc., parmi les mammifères; les perroquets, les toucans, les contingas, les condors, etc. parmi les oiseaux; les reptiles infestent les forêts les insectes brillent des couleurs les plus belles, mais plusieurs espèces causent par leurs piqûres de vives douleurs.

Parlerons-nous du commerce, de l'industrie et des arts des nouveaux habitants de l'Amérique? ce serait parler de ceux que les Anglais, les Français et les Allemands y ont importés. Disons qu'aux États-Unis ils ont pris un essor prodigieux, et que les produits de ces pays égalent ceux des meilleures fabriques de l'Europe.

Les principales *races* de l'Amérique sont les *Blancs*, Européens ou descendants d'Européens établis en Amérique; les *Indiens*, ou *Américains indigènes;* les *Nègres* ou *Africains;* les races mélangées (mulâtres, Mestizos, Zambos, etc.). Les *langues* qui jouissent d'une grande prépondérance sont : l'anglais, l'espagnol, l'indien, le portugais, le français, le hollandais, le danois, l'italien, etc., etc.

F. X. J. CONTE.

AMÉRIQUE (Géographie). L'Amérique est bornée au nord par l'Océan Glacial; à l'ouest par le Grand Océan; à l'est par l'Océan Atlantique; et au sud par le détroit de Magellan.

Cette partie du monde, qui s'étend presque depuis le pôle nord jusqu'au pôle sud, comprend tous les climats.

*Population.* La population de l'Amérique est évaluée à 48 millions d'habitants.

*Religion.* La religion catholique est professée dans le Bas-Canada, le Mexique, le Guatemala, à Haïti, à Porto-Rico, dans les Antilles françaises, et dans toute l'Amérique méridionale, à l'exception de la partie anglaise et de la partie hollandaise de la Guyane. La religion protestante domine, sous ses diverses formes, aux États-Unis, et est professée dans les colonies anglaises, hollandaises, danoises et suédoises. Les tribus sauvages d'Indiens sont livrées pour la plupart au fétichisme.

*Gouvernements.* Les divers États de l'Amérique se sont constitués en républiques; le Brésil seul est une monarchie constitutionnelle, et le Paraguay est gouverné despotiquement par un dictateur.

*Montagnes.* L'Amérique est traversée du nord au sud par une longue chaîne de montagnes appelées Cordilière dans le nord, et Cordilière des Andes dans le sud. C'est dans cette chaîne (les Andes) que se trouve le Chimborasco, la plus haute montagne de l'Amérique.

*Fleuves.* Les principaux fleuves de l'Amérique sont : le fleuve Mackensie, qui se jette dans l'O-

## CONDITIONS DE LA SOUSCRIPTION.

# LE DICTIONNAIRE ENCYCLOPÉDIQUE

### D'INSTRUCTION, D'ÉDUCATION ET D'ENSEIGNEMENT,

Publié en 40 livraisons de 32 à 64 colonnes (une ou plusieurs livraisons par mois, envoyées *franco* par la poste à tous les souscripteurs), formera un magnifique volume très-grand in-8° à deux colonnes, renfermant la matière de **10 VOLUMES** ordinaires et contenant plus de **1,000 PLANCHES** gravées par LACOSTE AINÉ, et intercalées dans le texte. Les premières livraisons sont parues. L'ouvrage sera terminé en 12 mois.

***Prix : 20 francs,***

Envoyés franco (cette condition est de rigueur) en un mandat sur la poste ou en un billet à 70 jours (sur papier timbré) à l'ordre de M. Lunel, directeur-gérant, 99, rue Saint-Antoine, à Paris.

## PRIMES

### OFFERTES AUX MILLE PREMIERS SOUSCRIPTEURS (1).

Les mille premiers souscripteurs qui enverront un mandat de 20 francs, sur la poste, recevront immédiatement une **MÉDAILLE DE BRONZE,** frappée à la Monnaie de Paris, et portant leur nom gravé au burin.

Les personnes qui souscriront à cinq exemplaires, ou qui procureront cinq abonnements, soit 100 francs, seront regardées comme *Protectrices de l'OEuvre* et recevront immédiatement une **MAGNIFIQUE MÉDAILLE D'ARGENT,** du poids de 40 à 50 grammes, gravée au burin par les premiers artistes de la Monnaie et portant : *Dictionnaire encyclopédique d'instruction, à M. N...., protecteur de l'OEuvre*, 1851.

(1) Nous ne craignons nullement les coups de la critique, en donnant des primes aux premiers souscripteurs à notre *Dictionnaire encyclopédique.* Nous apprécions tellement le mérite des personnes qui nous apportent un bienveillant concours, que nous sommes heureux de leur offrir une marque durable de notre reconnaissance.

Poissy. — Typographie ARBIEU.

www.ingramcontent.com/pod-product-compliance
Ingram Content Group UK Ltd.
Pitfield, Milton Keynes, MK11 3LW, UK
UKHW020435230726
13925UKWH00004B/1730